做一个内心强大
有出息的女孩

许晶 著

台海出版社

图书在版编目(CIP)数据

做一个内心强大有出息的女孩 / 许晶著. -- 北京：

台海出版社，2024．11． -- ISBN 978-7-5168-3998-0

Ⅰ．G78

中国国家版本馆CIP数据核字第2024DB4385号

做一个内心强大有出息的女孩

著　　者：许晶		
责任编辑：曹任云		封面设计：尧丽设计
出版发行：台海出版社		
地　　址：北京市东城区景山东街20号		邮政编码：100009
电　　话：010-64041652（发行，邮购）		
传　　真：010-84045799（总编室）		
网　　址：www.taimeng.org.cn/thcbs/default.htm		
E-mail：thcbs@126.com		
经　　销：全国各地新华书店		
印　　刷：永清县晔盛亚胶印有限公司		

本书如有破损、缺页、装订错误，请与本社联系调换

开　　本：710毫米×1000毫米	1/16		
字　　数：200千字		印　　张：12.75	
版　　次：2024年11月第1版		印　　次：2024年11月第1次印刷	
书　　号：ISBN 978-7-5168-3998-0			
定　　价：59.80元			

作为一名家长，你如何看待女孩？你养育过女孩吗？如果未曾养育过，当一个女孩突然降临在你的家庭里，你将如何养育她？如果正在养育，你的女孩是否内心强大呢？

女孩大多可爱乖巧，听话懂事，心思细腻，柔弱敏感。她们带着女性独特的个性，也拥有自己神秘的内心情感，然后从小公主成长为大姑娘。

可是，女孩的成长，似乎不只有美好。女孩的成长，就像是一棵树的成长，总是会遇到各种各样的烦恼，遭遇来自不同方面的侵害。虽然父母可以给予她们保护、引导，但终究无法把她们一直护在羽翼之下。所以，在养育女孩的过程中，我们需要做到的是，不过于溺爱，不只满足于金钱和物质的提供，而且要培养她们强大而坚定的内心，如此才能让她们不畏风雨，大有出息。

很多时候，一些父母由于思想观念、行为方式上存在偏差，不仅没给予女孩很好的保护，反而让自己从女孩最信任、最亲密的人变成伤害女孩最深的人。比如说，错误的富养方式，让女孩沉迷于物质享受，内心空虚、精神贫乏；抱有性别偏见，轻易否定女孩的价值，给予女孩不平等的爱，甚至以爱的名义绑架和束缚女孩，导致其身心受到严重伤害；不能正确处理亲子关系、夫妻关系、女孩与兄弟姐妹间的关系，让她们一辈子都无法走出原生家庭的伤与痛。

因此，在陪伴女孩成长的过程中，父母也应该学着自我成长与完善。父母需要不断去学习、去尝试、去思考、去改变，给女孩安全、正确的爱，正确的教养，让她们拥有强大而坚定的内心。只有如此，女孩才能真正看到自我的价值，感受到生命的意义，掌控自己的人生，活出属于自己的精彩。

说到底，不管是父亲还是母亲，都是女孩生命中最重要的角色，父母的陪伴、关心、引导以及教养，与女孩的童年及将来拥有的品质、心灵与力量之间有着密切的关联。女孩长大后，父母的影响还可能持续左右她们的生活，甚至让她们把这一切传给下一代。

家有女孩的父母，好好正确养育女孩吧！走进女孩的世界，陪伴她们快乐成长，定能让她们在最好的年龄绽放出最美的姿态。

第一章
给女孩安全感，让女孩变强大

▼

在女孩成长的过程中，父母要给她们安全感，成为守护和保护她们的英雄，同时也要让她们变强大，培养她们自我保护的意识与能力。只有从小就学会并掌握自我保护的能力，才能让女孩远离各种潜在的危险与伤害，内心变得强大，在未来无所畏惧。

第二章
富养女孩
——用物质财富换精神财富

▼

女孩要富养，但真正的富养不局限于金钱的丰富与物质的满足。富养，真正的意义应该是从小培养女孩的气质、品质与素养，让她们在如花的年龄拥有丰富的阅历、富足的知识、足够的智慧，进而能追求属于自己的美好未来。富养的外在表现为物质的富足，但内在体现却是心灵与精神的圆满。

第三章
不要轻易给女孩下定义

▼

女孩是温柔的、纯真的，在很多方面都有别于男孩，父母可以对女孩进行性别教育，但是不能存在性别偏见，更不能轻易给女孩贴上性别的标签。同时，父母是生了女孩，养育女孩长大，但是并不代表就能随意控制和定义她们的人生。

女孩，不应该因为性别而被定义，也不应该因为是谁的女儿而被定义。

第四章
内心强大的女孩
——柔而不弱

▼

女孩表面柔弱，但内心不应该脆弱和软弱。或许这份脆弱和软弱可以让女孩看起来楚楚可怜，赢得很多人的同情与怜悯，但终归，这样的女孩找不到人生的出路，更无法活出自我价值。所以，教养女孩的时候，父母要教会女孩柔而不弱，成为内心强大的女子。

第五章
母女关系，
世界上最微妙的亲密关系

▼

在所有的亲密关系中，母女关系是最为复杂且微妙的。因为这其中不仅涉及亲子关系，还有女性的身份认同意识，女性之间的共生、竞争与嫉妒心理，以及关系模式的代际传递等。

但不管怎样，母亲在这段关系中处于主导地位，也决定了这段关系的发展走向。所以想要建立和谐美好的母女关系，母亲就应该做出改变，正视自己与女儿的关系，采取合理的教养方式。

第六章
多子女家庭的女孩教育

▼

在多子女家庭中，女孩更需要获得一份平等的爱，只有如此，将来她们才有可能学会处理所有的关系，包括与同学、朋友、同事，甚至是伴侣的关系。所以，父母需要给女孩平等、公正的爱，同时教会兄弟姐妹相亲相爱、相互扶持。

第一章

给女孩安全感，让女孩变强大

在女孩成长的过程中，父母要给她们安全感，成为守护和保护她们的英雄，同时也要让她们变强大，培养她们自我保护的意识与能力。只有从小就学会并掌握自我保护的能力，才能让女孩远离各种潜在的危险与伤害，内心变得强大，在未来无所畏惧。

1

有些伤害，终生有碍

每个女孩都需要经历成长的疼痛，有些伤害造成的疼痛会始终刻在她们的身上，足以影响她们一生。

比如校园霸凌。

对于那些被霸凌、欺辱的女孩来说，这已经不是"孩子间的玩笑""恶作剧""打闹"，而是有针对性的、恶意的欺凌，压迫，甚至是殴打，它会伤害女孩的身体、心灵，甚至带来生命危险。校园霸凌像是一个可怕的魔鬼，吞噬着女孩生命中的鲜活与光明。

让女孩远离校园霸凌

遭受霸凌的女孩，极度自卑、孤僻，无时无刻不战战兢兢，在黑暗中苦苦挣扎。能够把她们从痛苦和黑暗中解救出来的，除了她们自己，就只有她们的父母。

然而很多时候，有些家长的差别对待却将女孩推向了更深的深渊。

有个年轻、乐观、事业不错的女演员，很受观众和业界看好，不过本该处于事业巅峰的她却淡出人们的视野很久了。通过某综艺节目，她再次出现在人们面前，却身材肥胖，状态欠佳，患上了严重的抑郁症。病症虽然已经减轻，可抑郁症还是在她身上烙上深深的印记。

她坦言，自己患抑郁症已经很久很久，十几年没睡过好觉，晚上每隔一两个小时就醒来一次。后来，她开始控制不住自己的情绪，情绪最糟糕时身体变得僵硬、双腿发软、眼睛看不见任何东西，也喘不过气来，只能靠吃药来控制情绪。

她之所以抑郁，与她的个性有关，也与少年时遭受的校园霸凌有关。她从小有些自卑、不自信，因为父母总是教育她"要听话、要懂事，不能自我"，于是她做什么都小心翼翼的，缺乏独立与勇气，这个不敢做那个也不敢做。

刚进初中时，因为自卑胆小，再加上身材有些胖，她遭受了严重的校园霸凌。那个时候，她成为一个同学的欺凌对象：每次经过那个同学时，对方都会嘲笑、挤对她；给好朋友写的信，被对方偷偷拿出来，然后拿到全班同学面前朗读；放在课桌里的可乐，被对方加入粉笔灰、洗抹布和墩布的脏水。

她鼓起勇气告诉老师，老师批评了对方，可对方只是随意地说了句"对不起啊"。她哭着质问对方："你为什么要这样对我？"对方不以为然，回答说："我都跟你说对不起了，你为什么还要哭？"

她选择告诉父母，想让父母为自己出头。然而父母却认为这是小事，只是让她不要理会对方。

遭遇校园霸凌，加剧了她的不自信，她变得极度自卑，内心觉得自己什么都不是。而父母的忽视，无疑浇灭了她所有的希望，她只能无助地忍让、承受。之后，她不敢再告诉老师，不敢再次质问对方：你为什么欺负我？为什么这个人是我？从那时起，她变得越来越抑郁，慢慢地，每天都失眠，需要吃安眠药才能入睡。

谁也没有想到，一个那么喜欢笑的女孩，其实内心满是痛苦和无奈。可以说，她的父母是典型的反面教材，他们的所作所为给孩子的内心造成了巨大的伤害，且这伤害会影响终生。固然，校园霸凌，解决的根源在于惩治改造霸凌者。然而，身为女孩最信任和最亲密的人，父母的态度与行为也极为重要。

父母需要保护女孩，给她们理解和支持，让她们感受到自己是安全的。可能很多家长认为校园霸凌只是个案，无须担心，但很多时候，这种伤害距离孩子近在咫尺。

仔细观察一下，你的女儿是否出现过类似的情况：突然情绪低落，食欲不振；精神萎靡，时常欲言又止；对学习不再有兴趣，不愿意上学、去学校；睡眠质量差，时常做噩梦；身上有瘀青，或是伤口？如果有，说明她们可能正在遭遇霸凌，这个时候，你就需要耐心和孩子沟通，让孩子勇敢地说出来。

可能你觉得孩子间有冲突、摩擦是正常的，或者孩子偶尔被欺负也没什么大不了，不理会对方就可以了。然而校园霸凌，已经不再是简单的小孩子间的冲突，更不是偶尔被人欺负。校园霸凌，真的很可怕，里面可能充斥着言语侮辱、攻击、孤立、殴打，甚至扒光衣服、以扇巴掌为乐、用打火机点头发、性侵害等。父母的忽视或无视，很可能让孩子遭受更严重的欺凌，甚至使孩子身心备受摧残，陷入恐惧、绝望、极度自卑之中，导致整个人生被毁掉。

给父母的建议

孩子可能成为校园霸凌的受害者，不知道如何保护自己。因此，如果发现女孩受到霸凌，父母必须站出来，教会她们如何保护自己，绝不让她们再受欺负。

1 父母要站在女孩这边给她们关怀和支持，不要把校园霸凌当作小事忽略掉，也不要让女孩独自忍受。父母需要告诉孩子，被霸凌不是她们的错，而是对方的问题；告诉孩子父母会保护她们，她们自己也要勇敢和坚强，做到不自卑、不懦弱。只有感受到父母的关怀和支持，女孩才能够感觉到安全，敢于大胆地反抗霸凌和保护自己。

2 教会女孩正确的应对方法，避免遭受更为严重的伤害。父母需要让女孩学会勇敢地说不，不给对方留下好欺负、胆小的印象。或是远离霸凌者，避免不必要的冲突，或是与其他同学交好，避免成为孤独、存在感低的小孩。如果事态严重，父母要让女孩学会及时向老师或家长求助，而不是独自忍受、隐瞒实情。

要知道，霸凌者通常喜欢找"软柿子"捏，女孩越表现出恐惧、退缩，越不反抗，就会被欺负得越严重。想要避免被霸凌，必须让女孩勇敢、强大起来，不管是行为上还是心理上都必须如此。

3 父母需要为孩子出头，找学校出面解决问题。严重的校园霸凌，包括殴打、围殴、人格侮辱等，不仅伤害女孩的身心健康，更威胁到女孩的人身安全。父母必须及时找学校解决问题，让学校或对方家长给自己的孩子一个交代。如果有必要，必须通过法律手段来保护女孩。

4 父母应该重视一个问题，那就是被霸凌的女孩，心灵上的伤很难愈合，就像掉进地狱般痛苦绝望。这个时候，父母必须及时给予孩子安慰，对孩子进行心理健康辅导，帮助孩子从恐惧、自卑、抑郁中逃脱出来。

沉默不言
是最大的安全隐患

乌贼是最善于伪装的动物之一。因为遇到危险时，它的自救方法花样百出，总是能帮助自己脱离险境、安全逃脱。

乌贼，是一种软体动物，是很多鱼类的捕食对象。不过，它却依然肆意地在海洋中畅游，一旦遇到敌人袭击它便会立即改变身体的颜色，与周围环境融为一体，然后借机逃走。如果敌人近在眼前，它就会挥动触手，同时释放墨汁，扰乱敌人的视线，趁机逃离。

孩子是社会中最弱小的存在，可能遇到很多危险和伤害。与男孩相比，女孩遇到危险的可能性更大，自救的难度更高。虽然女孩不能像乌贼那样用身体变色、喷墨等手段来自救，但父母需要让女孩向乌贼学习，积极想办法来保护自己，包括拒绝、愤怒、大喊"救命"、逃跑、反击等。

可事实上，我们的孩子大部分都没有掌握正确的自我保护技能，面对危险与伤害，除了惊恐、慌乱之外，什么都不会做，甚至连大声求救都忘记了。

当孩子遭受暴力威胁时却无人施以援手

曾有一则令人痛心的新闻：一个9岁的小孩，在上学路上被一个男人刺死了。当时，孩子在电梯间遇到男人，一路上被追着打，后来被男人追上，最后被残忍地殴打、杀害。在整个过程中，孩子跑了很长距离，时间更是长达20余分钟。旁边围观者众多，却无人上前劝阻，无人进行救助。孩子的父母痛心地说："如果当时有一个人愿意挺身而出，也许孩子就不会被杀害，悲剧就不会发生！"

人，难道真的可以漠然、无情到这个地步吗？

事实上，围观者的不作为，原因是多方面的。一部分是因为恐惧，想上前阻止，但看到男人凶狠的样子，手里又有凶器，心中的恐惧战胜了正义感。一部分是受旁观者效应的影响，而造成旁观者效应的根源，就是小孩没有大声求救。大部分围观者并不知道发生了什么事情，认为是父亲在教训孩子。于是，众人都怀着"多一事不如少一事""不好干涉人家家事"的心理，先看别人有什么反应，等别人行动了，自己再行动。最后，虽然在场人数不少，可主动救孩子的人却没有一个，导致了悲剧的发生。

沉默不语，对于孩子来说，就是最大的安全隐患。大声求助，尽可能尖叫，才能很好地避免旁观者效应的发生。人都是有盲从和趋利避害心理的，越是处于人数多的群体，自觉责任就越少，主动站出来的概率就越小。所以，仅仅大声求救还远远不够，正确的做法应该是锁定一个人，把这个人从群体中挑选出来。父母可以教孩子选择离自己最近的人，看着他，大声喊"穿×××衣服的叔叔，请你救救我！这个人是坏人，想要绑架我"，或是直接拉住他，"逼迫"他施以援手。

下面这个例子，恰好证明了这一点。

一个女孩正在路上行走，一辆黑色的汽车停了下来，一个高大的男人走下来向她问路，女孩耐心地给他指路，告诉他怎么走才能最快到达。可男人却希望女孩带他去，说着就拉开车门，让女孩上车。女孩很聪明，担心对方是坏人，便拒绝了这个要求。

谁知，男人突然抱起女孩，想把她塞到车里。女孩拼命地挣扎，双手牢牢地抓住车门，同时大声向路人求救："救命啊！他是坏人，他想绑架我！"引起行人的注意后，女孩冲着离自己最近的年轻小伙大喊："叔叔，他是坏人，求你救救我！""叔叔，我认识你，我们住在同一个小区。我真的不认识他，你快来救我！"年轻小伙听后冲了上去，把女孩从男人手中抢了过来，而其他路人也加入了进来……

相似的事件，结果却大不相同，关键在于这个女孩懂得如何自救，增加了自己被救的机会。

 ## 给父母的建议

每一位家长都希望自己的孩子能安全健康地成长，可生活不是童话，女孩也不可能永远处于父母的保护伞之下。就算父母愿意，现实中也难以真的做到。对于女孩来说，危险无处不在，意外时有发生，所以，正确的自救技能是孩子必须掌握的，父母一定要给予女孩及时且正确的指导。

至于如何教会孩子进行自救和自我保护，这里有三点建议：

1 教会孩子正确地呼救。不要只大声尖叫，不要只是大喊"救命"。遇到危险的时候，尖叫、喊救命，确实能引起路人注意，但无法让人明确地分辨孩子是遇到危险，还是在和家长闹别扭。

可以教会女孩如此呼救，比如："我不认识你！救命！""他是坏人，他要伤害我！请帮助我！""那个穿××衣服的叔叔，请你救救我，他要绑架我！我不认识他！"

2 让孩子根据环境来求救，选择最佳的保护自己的方法。父母必须让女孩明白：大喊救命，只有在人多的地方，比如马路、超市、小区，才能震慑坏人，让自己获得帮助、脱离危险，而在渺无人烟的地方，譬如山林、田野等，或是人少的时间，比如清晨、晚上，是没用的，还可能让自己处于更危险的境地。

3 提升女孩的自我保护意识。在日常生活中，父母要多与女孩说一说社会的复杂、人性的险恶，别让女孩活在童话世界的美好中。女孩只有认知到危险的存在，才能抱有警惕之心，提升自我保护意识，进而在遇到危险时更好地保护自己。

花季里的侵害

在成长的过程中，女孩在社交中更容易成为弱势的一方，更容易受到侵害。最令父母担忧的便是与性有关的侵害，比如遭受侵犯、猥亵、强奸等身体侵害。

会伤害女孩的可能是任何人，不仅是陌生的、奇怪的人，还可能是女孩熟悉的人，比如邻居、亲戚、老师、保安、同学，甚至是亲人。这个世界上总是有恶魔的存在，只让女孩远离陌生人，并不能保证其人身安全。曾有机构指出，80%以上的未成年人性侵害案件是熟人所为，大约一半是有血缘关系的人，而陌生人加害只占不到20%。

每一个家长都想尽办法保护自己的孩子，以使她们不受一丁点伤害，但事实上没有谁能24小时把孩子放在身边。因此，只有尽早对女孩进行安全教育，培养她们保护自己的意识和能力，才能让她们远离危险和伤害。

很多悲剧的发生，其实早有征兆。现在很多家长很忙，忙着上班赚钱，忙着社交，有时甚至忙于看剧打游戏，很少真正关心女孩，更很少发现女孩情绪的变化，而这也无形增加了女孩被侵害的概率。

让青春期女孩远离性侵害

因为父母没时间予以照顾，12岁的女孩梦梦便每天被送到一家教育托管中心吃中晚饭、完成作业。但没想到，梦梦却因此掉入深渊，长时间遭受别人的性侵害。加害者是托管中心的一个男老师，他利用女孩梦梦的年幼无知，多次侵犯和猥亵她，最后还诱骗她与自己发生了性关系。在两年多的时间里，梦梦竟然多次被引诱与这个男老师发生性关系！悲哀的是，作为孩子最信任、最亲密的人，她的父母对此竟毫无察觉！

处于青春期的女孩，心思是细腻的，情绪是敏感的，遭受如此伤害，就算再懵懂，再没有性知识，也不可能毫无异常。由此可见，梦梦的父母，对她忽视到了何种地步！对她的性安全教育，罔顾到了何种地步！这真的值得深思。

更令人惋惜的是，面对女孩遭受侵害这样的事实，很多家长的反应、态度与行为，看似在保护孩子，实则给孩子的心灵带来了非常严重的二次伤害。诚然，心爱的女儿遭受性侵害，对于任何一个家长来说都是晴天霹雳。然而，家长反应激烈，表现出惊慌失措、极度愤怒，甚至情绪激动地质问孩子"这是真的吗""你快说清楚事情原委……"只会吓到孩子，让她们因为害怕而不敢说出实情。

一些家长甚至认为这是丢脸、让人感到羞耻的事情，不仅不为自己的孩子出头，反而想要隐瞒，对女孩说"不要说出去，否则别人都会看不起你""你要保守秘密，否则之后很难得到幸福"之类的话。连父母都嫌弃自己，都不能保护自己，女孩自然更容易产生强烈的羞耻感和自我厌弃感，宁愿选择忍受和沉默。

对于女孩的性教育，很多父母都采取回避和忽视的态度。然而，站在女孩的角度，性教育是必需的，而且越早越好。3岁的孩子，已经有了性别意识，这个时候，父母应该教女孩认识自己的身体，包括隐私部位，同时帮她们建立身体自主权的观念。当然，身体自主权观念的建立不是一朝一夕能做到的，不是父母说给她们听，她们就能明白，并且做得到的。所以，在日常教养女孩的过程中，父母必须多灌输、常提醒，让她们真正意识到自己是身体的主人，其他人不能随便碰触，尤其不能碰触隐私部位。这是女孩学习自我保护的第一课，也是最重要的一课。

 ## 给父母的建议

爱孩子是父母的天性，但是懂得正确地爱孩子，是父母需要学习的。女孩很小，很柔弱，不懂得如何保护自己不被侵害，甚至意识不到自己正在遭受侵害。因此，父母需要以保护者的形象出现，同时尽早对女孩进行性教育，以防止她们受到身体上的侵害。

1 明确告诉女孩，要学会拒绝异性看或触碰自己的隐私部位，如果别人触碰了自己的隐私部位，要说不，立即想办法走开。同时，除了隐私部位，父母还需要让女孩大胆且明确地拒绝异性碰触唇部、脸部、颈部、肩膀等。因为一些不怀好意的人，为了让孩子放松警惕，往往是从其他部位开始碰触的。

2 让女孩知道，被侵犯不要害怕，这绝对不是她们的错。很多时候，女孩被侵犯后感到羞愧、害怕，认为自己做了不好的事，或是被威胁后便不敢发声、求助，所以父母要明确地对孩子说：这不是你的错，爸爸妈妈永远爱你，永远都支持你和保护你。

父母的爱与支持，永远都是女孩最好的依靠，能给予女孩最大的力量。

当女孩感受到爱与支持时，就会消除害怕与恐惧，进而勇敢地反抗侵犯，保护自己。

③ 帮助女孩重新建立对这个世界的信任，对自己的信任。遭受侵犯后，女孩的世界塌了，失去安全感和信任感，对所有人都失去信任，包括自己。这样的伤害，比侵犯本身更容易摧毁一个女孩的未来和人生。因此，父母必须对女孩进行心理辅导，帮助她们建立安全感和信任感，让她们明白自己是安全的，身边人大多数人是善良的、是可以信任的。

总之，父母需要用爱和行动保护女孩，教会女孩如何避免侵害，但同时不可以告诉女孩：这个世界上坏人太多，危险无处不在，你需要防备每一个人。若是如此，女孩就会极度缺乏安全感和信任感，只能一个人生活在恐慌、焦虑甚至无望之中，无法拥有美好的未来。

青春期的成长与秘密

处于青春期的女孩若是得到父母的正确引导，就能战胜心中的恐惧与不适，进而在身心得到健康成长的同时，逐渐形成健康的人格以及强大的内心。处于青春期的女孩若是得不到父母的正确引导，则可能受到很大的困扰和伤害，甚至影响之后的学习和生活。

及时教给女孩正确的性知识

女孩如如已经14岁，发育得比其他女孩早一些，小伙伴们都是刚发育，胸部并不明显，可她的胸部却隆起明显。如如感觉这让自己很丢脸，为了让胸部不那么明显，她故意含胸驼背，穿宽松肥大的衣服，就算是大热天，也不愿穿薄的衣服，还套上外套。处于青春期的孩子都是好奇的，一些女孩看到如如与众不同，总是会多看几眼或是议论几句。这下，如如更感觉羞愧了，在学校都不敢挺胸抬头，就连上体育课都不敢自由地奔跑。

如如也曾把困惑讲给妈妈听，问她为什么自己胸部很大，妈妈却笑着说："说明你是大姑娘了。"妈妈轻描淡写的一句话，当然无法让如如了解自己身体产生变化的原因，也无法排解她内心的自卑与焦虑。渐渐地，如如变得不合群，不再参加同学们的集体活动，总是一个人坐在座位上看书；不愿意举手回答问题，更不愿在人多的地方表现自己。尤其与男同学相处时，更是表现出羞愧、焦虑的情绪。同时，因为自卑和焦虑，如如学习积极性越来越差，本来有能力考入重点高中，最后却只进入一所普通高中。成年后，如如虽然已经懂得生理发育的知识，但内心的自卑却无法清除。她身材很好，走在街上能吸引同性羡慕的眼光，赢得异性的青睐，她却感觉不自在，一心想要逃离。

女孩晓晓也是如此。12岁时，晓晓突然发现自己下体流了很多血，内心感到非常害怕，便立即向妈妈求救。晓晓妈妈知道情况后，只是简单地说"这个很正常，说明你已经长大了"，然后就教她如何使用卫生巾。

晓晓还是非常紧张，加上肚子和腰部疼痛，便认为自己是得了某种严重的病才会流血不止。于是为了止血，晓晓把很多棉花、卫生纸塞进了自己的下体，好几天都是如此。晓晓妈妈原本想给女儿讲一堂生理卫生课，但因为工作忙给忘记了，之后也就没再提及。后来晓晓时常感到不舒服，到医院检查之后才发现患上了严重的妇科病，可能还会影响到生育。听到这个消息，晓晓妈妈悔恨不已。

现在虽然很多家长重视女孩的教育，但可惜的是，一些人还是没有给女孩正确且及时的性教育，包括性生理知识、性发育，以及两性交往与正常的性行为等，这也导致女孩无法正视自己身体发育的变化，无法保持良好的情绪与心理，进而无法更好地保护自己。

 ## 给父母的建议

事实上，很多性格自卑、内心脆弱的女孩，都源自青春期的不合理教育。所以作为女孩的家长，尤其是母亲，应该关注和重视处于青春期的女孩，当发现她们成长中有了秘密与困扰时，要及时给予相关的心理引导与知识辅导。

那么，怎样做才能让女孩顺利而又愉快地度过这一特殊且重要的时期呢？

1 尽早给予女孩相关的性教育，让她们了解相关生理卫生知识，懂得性发育到底是怎么回事。预防胜于治疗，在性教育这个问题上也是如此。当女孩即将进入青春期时，母亲就应该让她们了解青春期发育是怎么回事，告诉她们身体会发生哪些变化，引导她们保持良好的身体和心理状态。

2 重视女孩的身体和情绪变化，给予积极有效的引导。当女孩因为胸部发育自卑，因为月经来潮而恐惧时，作为家长尤其是母亲，必须关注她们的情绪，给予引导和疏导，让女孩知道这是她们长大的标志，是正常的生理现象。同时，我们要帮助女孩解决问题，比如教她们如何佩戴文胸，如何使用卫生巾，如何做好卫生保健。

3 若是女孩发育得比较早，产生害羞、紧张、害怕等情绪，应该告诉她们：这没什么可烦恼的，因为发育本来就有早有晚。身体的发育，是成长的必然，是健康和美的体现。认识到这一点之后，女孩便可以安心地迎接它，不至于自我排斥。

叛逆期女孩的安全问题

与男孩相比，父母最担心的是女孩的安全问题。尤其是处于青春期的女孩，因为爱的懵懂和性意识的觉醒，她们对异性产生好感，又不懂得如何保护自己，很容易造成父母不愿意看到的后果。

青春期最容易碰上叛逆期。独立意识的增强，让女孩变得不再那么乖巧，在"爱情"这个问题上更是一意孤行。对于一些比自己大的男孩，她们容易产生爱慕之心，想要谈一场或浪漫或轰轰烈烈的恋爱，甚至出现性欲望。这个时候，如果女孩发现父母不愿看到自己恋爱，有阻碍自己恋爱的举动，内心就会产生强烈的排斥感和叛逆心。

但是很多父母往往看不到这一点，在他们看来，早恋是女孩安全的最大威胁，里面存在着很多难以估量的安全隐患——发生性关系、被坏人欺骗，甚至早孕、打胎等。的确，这些问题不可忽视，不可掉以轻心，否则对于女孩的伤害是巨大的、终身的。然而，很多时候他们选择的方法很不恰当，不但没能避免女孩早恋，反而刺激了她们的叛逆行为。例如，有的家长时常偷看女孩的日记、微信，偷听女孩的电话，监视女孩的行动；有的家长对女孩态度粗暴，严厉地训斥，甚至动手打骂她们……结果，家长越是管教，女孩越是叛逆；家长越是压制，女孩的行为越是偏激。父母要做的是尊重、关心和理解女孩，同时在日常生活中不断加强亲子间的情感沟通。一味阻挠和打击，只会让女孩陷入"我应该为真爱而反抗"的思想中无法自拔。

父母与早恋女孩的沟通方式很重要

一个15岁的初中女孩与一个17岁的高中男孩恋爱了。女孩的母亲非常气愤，责骂和质问女孩为什么早恋，于是母女间发生了一次激烈的争吵。

母亲：你小小年纪就开始谈恋爱，不好好学习，真是太过分了！

女孩：我们只是单纯地恋爱，并没有越轨的举动……

母亲：你还想有越轨举动吗？你是女孩，怎么就不知道洁身自好？

女孩：我都说了我没有！

母亲：不要说了！你必须和那个男孩分手，否则我就找到学校，让老师和对方家长管教他！

女孩：你凭什么要我分手，这是我的自由，也是我的权利。你不让我恋爱，我非要恋爱。你能拆散一次，能拆散十次吗？你能管住今天，能管住永远吗？如果你敢找到学校，那我就死给你看！

母亲被女孩的话吓到了，不敢轻举妄动，而且令她懊恼的是，女孩在早恋问题上出现了过激行为。一个好友曾告诉她，某天看见她的女儿和一个男生在大街上拥抱、亲吻，行为非常亲密。这位母亲意识到问题的严重性，声嘶力竭地逼问女孩是否与男孩发生了性关系。女孩也被激怒了，嘲笑她观念落伍了，说恋爱中的男女发生性关系是再正常不过的。气愤之下，母亲狠狠打了女孩一巴掌，自此母女关系陷入僵局。

而女孩呢？她的行为变得越发叛逆和放肆，她心里想着：你越不是让我这样做，我就越要这样做，我倒要看看，你能拿我怎么样？不久，女孩就真的与男孩早早地尝了禁果……

与其说这个女孩过于叛逆、任性，不如说是母亲的粗暴、威胁和打骂一步步让女孩放纵自己，故意做出伤害自己的行为。其实，处于叛逆期的女孩，有些早早恋爱，不好好学习，离家出走；有些小小年纪不学好，抽烟、打架，时常换男友；还有些与大自己很多的男士恋爱，不洁身自好，不能说，父母没有一点责任，很多时候，父母的责任还很大。

给父母的建议

父母想要保护自己的女儿，必须做到尊重并理解女孩，给予她们必要的感情和人生指导，而不是一味地打骂、训斥。身为父母，我们应该做关注女孩安全的家长，杜绝女孩因为早恋而受到伤害。但是，打击、强迫的教养方式，远远不如因势利导，引导她们理智而正确地对待自己的"爱情"有效。

1 不捕风捉影，不声色俱厉地警告和过于粗暴地管制。对于女孩的早恋问题，父母越是堵越适得其反。尤其在女孩还没有早恋时，父母就开始捕风捉影，声色俱厉地警告孩子"不许早恋"，甚至逼迫她们不要与异性走得太近，结果反而会促使她们产生强烈的逆反心，故意与人谈恋爱，甚至不计后果地发生性关系。

2 要与女孩谈心，教会她们如何洁身自好和更好地保护自己。处于青春期的女孩，对异性产生好奇与好感，出现早恋的行为，这是正常的。身为父母，我们要尊重孩子，理解她们的烦恼，倾听她们的心声，并且引导她们正确地看待与异性的关系，做到自尊自爱的同时，约束好自己的行为。

3 教会孩子正确分辨什么是喜欢，什么是爱情。处于青春期的女孩，心智还未成熟，在叛逆心的影响下，容易被别有用心的人欺骗，或是陷入有些人的"爱情"陷阱。这个时候，父母需要与女孩进行良好的沟通，教会她们在感情中分辨哪些是喜欢，哪些是爱情，哪些是欺骗，帮助她们树立正确的爱情观，懂得判断和处理自己的感情。

6

追星女孩，
疯狂的背后还剩下什么

追星女孩是一个特殊的存在。十几岁的女孩，喜欢帅气有才华的偶像明星，这本来没什么。以正能量的偶像为榜样，不断激励自己学习和成长，不停督促自己努力和进步，这也是值得赞赏的。

然而，追星女孩的疯狂在任何时代都是一样的。十几年前一个女孩疯狂喜欢刘德华，致使父亲不幸去世，引起了社会一片哗然。今天，一个个女孩为支持偶像，为偶像做数据，还挥金如土，疯狂购买偶像出演的影视作品"周边"，没日没夜地打榜。她们在活动现场举灯牌、拉横幅，到机场接机、应援；在微博、短视频平台为偶像加油、打气，一旦发现有人批评自己的偶像便犹如战斗的狮子般疯狂地输出，言辞之激烈，情绪之激动，真的无人能敌。

这些女孩本应该好好地在学校学习，把心思和精力放在学习、兴趣爱好上，却因为在追星的道路上过于偏激，甚至迷恋偶像已经到了失去理智的地步，以至于背上"偏执、疯狂"等负面标签，不仅耽误正常的学习生活，还促使身心无法健康成长。

从女孩的角度看，崇拜偶像是人的天性，追星只是自我天性的释放。面对这种情况，父母应该如何去做呢？

失去理智的疯狂追星之后

女孩小敏已经读初中二年级了，成绩不错，性格乖巧。后来，小敏喜欢上了某个偶像，并且慢慢地到了迷恋的程度。一次又一次，她向妈妈要钱说要买课外书、交材料费、与朋友聚会，实际上却是买偶像的周边产品。妈妈因为工作忙，并没将这件事放在心上，觉得孩子追星不过是图新鲜，过几天自然就好了。

结果，小敏的追星行为越来越疯狂，每天只顾着刷微博、追剧、到机场接机、到活动现场应援。一天晚上，妈妈下班回家，没发现小敏的踪影，只看到茶几上有一张便条。小敏竟然一个人去了北京，观看偶像的演唱会，而且还拿走了柜子里的3000元钱。小敏妈妈吓坏了，立即向公司请假，几经辗转才在北京找到小敏。

还有一个13岁的初中女孩，小小的年龄，疯狂地喜欢一个偶像团体，不惜把自己关在房间里，不吃不喝也不睡，沉浸在网络的世界里；花钱越来越多，房间里堆满了这个偶像团体的海报、专辑、衣服、包包等周边产品。实际上她的家庭条件一般，家里根本没有那么多钱任她挥霍。父亲多次劝说，女孩根本听不进去，与父亲争吵、对着干。就这样，父亲与女孩之间的矛盾越来越大，女孩一次次挑战父亲的忍耐极限，最后父女发生激烈争吵、打斗，两人都受了伤。

这个女孩，已经不再是单纯地追星、崇拜偶像，而是像是精神被催眠的人，失去了理智，陷入了疯狂。而她的父亲没有给予她正确的引导和教育，采取了错误的教育方式，才酿成了悲剧。

事实上，很多女孩追星是盲目的，只是被明星光鲜亮丽的外表打动，或者出于一时冲动。青春期的女孩是天真、不成熟、感情冲动的，正因为如此，父母才需要冷静下来，对孩子的追星行为进行理智的判断，然后引导她们把疯狂、非理智的行为转变为适度、理智的行为。

从某种程度上来说，追星行为可以很正能量、很励志，可以让女孩变得更出色、更强大。只要身为父母的我们，能够挖掘孩子所崇拜偶像的榜样作用，结果就会如我们所愿。

一个性格内向、成绩平平的女孩，从高中时代就疯狂地崇拜某个偶像，所有追星女孩做过的疯狂事她几乎都做过，但是与其他女孩不同的是，她看到了偶像身上的正能量，被偶像的品质与精神感染。

在追星的日子里，女孩变得开朗自信起来，在学习上变得异常努力，只因为想离偶像更近一点。最后，女孩的努力没有被辜负，高考结束，她考入了心仪的大学。

不得不说，这就是正向追星的典型了。

 ## 给父母的建议

所有父母都需要明白，女孩追星也不完全是坏事。如果女孩因为追星而变得疯狂，父母一定要耐心引导，但更重要的是应该引导女孩正确地追星，因为偶像而不断奋发向上，成就更好的自己。

1 父母需要让女孩明白追星的真正意义，引导她们正确且理性地追星。

追星是一种青春的标志，已经为人父母的我们，年轻时也曾经有崇拜的偶像，也曾为偶像而疯狂过。所以，面对孩子的不理智行为，我们需要做的不是粗暴地训斥、强行地干涉，因为这只会激起孩子的逆反心理。

我们需要做的是，引导女孩客观地看待偶像，让她们明白，学习偶像身上的正能量，挖掘偶像身上的榜样作用，才是真正有意义的追星。

② 应该让女孩明白，任何偶像的成功都不是轻而易举的，他们背后付出的努力是巨大的。当女孩把目光从偶像光鲜的外表转移到努力奋斗的行为与精神力量上时，自然会受到榜样力量的影响，更加努力地学习和生活。

③ 父母应该对女孩进行三观教育，帮助孩子树立正确的世界观、人生观和价值观。现实生活中，除了影视歌等领域的偶像，其他领域还有很多可以崇拜的偶像，比如科技领域、文学领域、医学领域等，引导孩子崇拜这些对社会有突出贡献的偶像，她们的审美、思想自然会发生改变，追星行为也就会变得更加理智了。

7

远离坏孩子，
让女孩避免"近墨者黑"

交友，是女孩成长过程中的一个重要环节。不管大人还是小孩，都需要朋友。有了朋友，才能打开心扉，感受到温暖、关怀与善意，不至于孤独寂寞。而缺少朋友，没人分享开心、愁苦、成功、失败，便犹如被隔绝一般。

大方地交友对于女孩而言益处多多。然而交友也是一件应该谨慎的事情，父母不仅要鼓励女孩交友，还需要教会她们怎样交友，交什么样的朋友。因为大部分女孩天性善良，没有什么分辨能力，如果与品质不良、行为不正的坏小孩过于亲近，很可能沾染上坏品质和坏行为。或许有人会说，对事物产生决定性作用的是内因，而不是外在环境。即女孩的好与坏在于内在品质，而不在于朋友。但是对于女孩来说，尤其是处于青春期的女孩，她们三观还没有真正形成，心智和思想还不成熟，对于这个世界缺乏正确、理性的判断，很容易受"亲密且信任"的人蛊惑和影响，在错误的道路上越走越远。

别让女孩交到坏朋友

14岁的女孩茜茜，一直是个乖乖女，平时踏踏实实地学习，成绩始终保持在班级的前三名。每次考完，她将成绩单拿回家给父母看，父母都万分欣慰。在生活方面，茜茜也很体贴父母，喜欢帮助父母做一些家务，在学校对同学们也很友好，有很好的人缘。

后来，茜茜认识了同年级的一个女孩，那个女孩看起来温温柔柔的，可她不爱学习，还迷上了上网打游戏，行为也有些叛逆。父母不希望茜茜和这样的女孩交朋友，但想了想，觉得要求女儿以学习成绩好坏为交友标准，似乎对女儿之后的性格发展不太好，便没有严加管制，只是提醒她注意自己的行为。

慢慢地，茜茜也学会了上网，有时还跟这个女孩一起玩网络游戏，并且越来越上瘾。原本关系不错的两人，变得更加亲密，上学放学都在一起，经常同进同出。因为玩游戏，茜茜的学习成绩退步了很多，英语和数学还出现过几次不及格的情况。这下，父母着急了，严禁茜茜和那个女孩再来往，没收了她的手机，每天还监督她写作业。这激起了茜茜的逆反心理，她与父母大吵起来："我有交友的自由，你们没权利管我和谁来往！你们越让我好好学习，我偏不让你们如愿。"

之后，茜茜不再好好学习，渐渐地，开始与那个女孩一起逃课，到网吧玩游戏，到各处去疯玩。后来，她们在游戏里认识了几个社会人员，一起约着去吃饭、烧烤、跳舞……再后来，茜茜喜欢上一个比自己大好几岁的社会人员，那人高中毕业后就不读书了，在餐馆里打工，也不好好工作，只知道吃喝玩乐。

恋爱后的茜茜时常不回家，还整天和父母要钱，借口同学聚会、朋友过生日，实际上是与男友一起瞎混。最后，茜茜因为没有自我保护意识，意外怀了孕，直到那时她才真正感到害怕，不得不向妈妈吐露实情……

很多女孩喜欢交友，渴望得到朋友的关注与理解，但是她们又心思单纯，很容易陷入陷阱。再加上青春期自我意识高涨，叛逆心强，便不愿意听取父母的意见，容易受坏朋友影响。因此，父母要学会认识女孩身心的变化，引导她们在交友时要谨慎，避免交上品质和行为不好的朋友。

当然，除了让女孩远离坏孩子，父母还应该教她们掌握交友的准则与方法，尽量交到真心的朋友，避免在友情里受到伤害。父母需要教会女孩，交友要看朋友是否与自己的三观一致，是否有相似的兴趣爱好。如果三观一致，兴趣爱好相似，那么相处起来也愉快，友情也会长久；如果三观不一致，兴趣爱好完全不同，那么很难有共同语言，即便成为朋友，关系也是短暂的。

父母还需要关注女孩交往的对象是什么人，避免女孩与不诚信、以自我为中心、情绪阴晴不定、容易愤怒的孩子交朋友。优秀的朋友能够让女孩积极、乐观，带给女孩积极的影响，但不好的朋友则会让女孩消极，还可能让女孩受到伤害。

 给父母的建议

朋友可以成为女孩生命中的阳光，同样也可能带着女孩堕入黑暗。现在的女孩大多被困在狭小的空间里，虽受到家人加倍的宠爱，却犹如笼中的鸟儿一般。正因如此，父母更应该重视女孩的社交活动，引导她们愉快地交友，交上优秀的、真心相待的朋友。

想要达到这一目的，父母应该遵守以下几点：

1 提高女孩的社交力，引导女孩交更多的朋友。父母应该多鼓励女孩与同龄人聊天、游玩、交朋友，当女孩提出社交需求时，父母要给予积极的鼓励，为她们提供良好的社交条件。而当女孩有社交恐惧，容易出现害羞等情绪时，父母要耐心细致地与她们沟通交流，帮助她们打开自己的心扉。

2 父母需要密切关注女孩交往的对象，但不能用强硬的手段限制她们的交友行为。想要让女孩与优秀的朋友交往，并且远离坏孩子、坏朋友，父母需要采取正面引导的方式，多与女孩进行平等、耐心的沟通，让她们知道什么样的朋友值得交，什么样的朋友需要远离。

严厉地训斥，或强硬地干涉，只会让女孩觉得父母是在限制自己的自由，进而产生逆反心理或行为，导致结果适得其反。

3 从心理上给予女孩理解与关爱。很多时候，女孩交到坏朋友，或喜欢与坏朋友玩，或是因为她们学习压力大却无处释放，或是因为不被父母关注，内心极度孤独、缺爱，想通过一些出格的行为放纵自己。因此，父母不能只逼迫女孩学习、学习、再学习，而是要多关注她们的内心，帮助和引导女孩通过合理正确的渠道释放压力；在提高女孩生活质量的同时，给予她们关心和爱护，多花一些时间和精力陪伴她们。

8

自我保护的前提：
辨别是与非

花季里的女孩，尽管自主意识有所增强，独立性有所提高，但正确的人生观、价值观还未完全确定，是非观念不强，自控能力不强，可能面临的危险和伤害要比成年人多得多。

因为单纯无知，女孩分辨不出谁是好人谁是坏人，往往会错付自己的善良之心，轻易被人欺骗和伤害。因为未形成正确的价值观，很容易被一些不健康的因素侵蚀，被一些不良同学、不良朋友带坏，结交不三不四的朋友，染上抽烟喝酒、出入夜店酒吧的不良嗜好，早早恋爱、发生性关系等。因为懵懂无知，不懂什么是身体侵害、性侵害，甚至因为无法明辨是非，根本没想过反抗，更不知道如何反抗。

还记得那些因为给陌生人带路或给陌生人开门而受害的女孩吗？还记得那些因为购买校园外"小食品"而误食毒品的女孩子吗？还记得那些被不怀好意的异性侵犯、猥亵的女孩吗？社会是复杂的，美好与丑恶并存。正值花季的女孩，很难分清什么是好什么是坏，很难判断什么是对什么是错。不辨是非，不管对于孩子来说还是对于大人来说，无疑是把自己随时随地置于危险之中，更别谈保护自己了。

《西游记》的故事可以说是家喻户晓，唐僧之所以能够经历九九八十一难最后取得真经，很大程度上是得益于孙悟空。因为孙悟空本领最大，能够降服各路妖魔鬼怪，而他除了超强的战斗力，还有一双能辨别妖怪的火眼金睛。

自我保护，前提是明辨是非。拥有自我保护技能，有时虽然确实可以使女孩逃脱困境，可始终无法从根源上避免女孩受到不必要的伤害。按照一些人所说，这是治标不治本。正因如此，父母除了教会孩子正确保护自己的方法外，还需要培养孩子明辨是非的能力。当女孩有了如孙悟空一样的火眼金睛，学会识别身边的一切妖魔鬼怪、阴谋诡计，学会辨别自己做的事是正确的还是错误的，对自己有利还是对自己有害时，自然可以避免让自己陷入危险，更好地保护自己。

多教女孩一些自我保护的能力

媛媛是个聪明的女孩，也是善于自我保护的女孩。10岁那年，她机智地保护了自己。那天恰好是周末，媛媛说很想吃家附近早点铺的灌汤小笼包，于是在征得妈妈的同意后，便独自去那家早点铺购买小笼包。

快要到早点铺的时候，一对老夫妇拦住了媛媛的去路。他们穿得还不错，干净、整洁，可脸上却有些疲惫。老妇人笑着与媛媛打招呼，说自己和老伴来找在这里工作的儿子，可是下了公交车才发现包被偷了，手机和儿子的地址都丢了。老妇人说两人还没有吃饭，希望媛媛带自己去吃些东西。

看着可怜的老人，媛媛很是心疼，于是便答应了他们的要求，说带他们去吃灌汤包。结果，老人说自己吃不习惯那东西，想让她带他们去吃别的。说着，老妇人挽住了媛媛的胳膊。被拉着走了几步，媛媛意识到不对劲，便提高了警惕，说："爷爷奶奶，我给你们一些钱，你们自己去买些东西吧！"然而两人并不同意，非要媛媛跟着一起去。这让媛媛意识到自己可能遇到了坏人。因为若是两人真的丢了钱包和手机，不会向一个小孩求助，而且如果两人真的很饿，不会挑挑拣拣，也不会拒绝别人给的钱。

媛媛立即用力挣脱老妇人的手，向那家卖灌汤小笼包的早点铺跑去。那里的老板认识她，客人里还有一些小区里熟识的邻居。媛媛找到一个邻居，说出事情的经过，之后买完灌汤包，与邻居结伴一起回到家。

媛媛很聪明很机智，主要得益于平时妈妈的教育和引导。妈妈不仅提高了孩子的自我保护意识，还教给她明辨是非的能力。妈妈总是在媛媛耳边嘱咐：不能随便帮陌生大人的忙，尤其是引路、搬东西，因为大人总要比小孩强大，不可能做出向小孩求助的行为。一旦出现这样的情况，你就要警惕和小心了，要勇敢地拒绝。不要随便把自己的个人信息、父母的信息、家庭住址、家庭情况等告诉陌生人，因为你不知道对方是好人还是坏人。一旦遇到别有用心的人，那么你以及全家都会陷入危险之中。不要接受陌生人给的奇怪小食品。

事实证明嫒嫒的判断是正确的，几天后新闻里出现一则消息：一些不法之徒假扮迷路、寻亲的老人，专门骗一些没有辨别能力的小孩，借口是迷路，饿了想吃饭等，然后把小孩子带到偏僻的地方，绑架、拐卖。

可见，辨别是非的能力对孩子来说是多么重要。辨别能力能让孩子独立思考、冷静判断，意识到危险的存在，然后避免令自己陷入危险之中，从而达到保护自己的目的。

 ## 给父母的建议

在生活中，危险和坏人无处不在，而且很多危险是潜在的，很多坏人是善于伪装的。父母把女孩保护得再好，也不可能随时守在她们身边，所以，一些危险必须教会女孩自己去判断、识别与规避。那么，该如何培养女孩辨别是非的能力呢？

1 培养女孩的安全防范意识，提高自我警惕性。通常来说，人只有在警惕的时候，才会发挥辨别是非的能力，然后把这种能力用在自我保护上。所以，想要孩子更好地实现自我保护，就需要培养她们的安全防范意识，根据女孩的年龄、心理成熟度，来教授人性、社会的阴暗和复杂面，告诉她们不要凭借外表来判断人的好与坏，不要凭借表面来判断事情的对与错。

2 帮助孩子建立正确的三观以及是非观，提高自我控制能力。明辨是非是自我保护的前提，正确的三观和是非观则是明辨是非的前提。三观正，女孩在学习、生活、社交的过程中，才不容易被一些不健康因素侵蚀，误入歧途；是非观强，女孩才能加强自我控制，不轻易做错的事，不轻易被坏人蒙蔽和欺骗。

9

原生家庭之伤
需要一辈子来抚平

心理学家荣格曾提出一个术语，叫"阴影"，他认为，不能在阳光下呈现的心理，最后就会躲进阴影中，但它不会消失，而是会以我们不能控制的破坏性的方式出现。对于被原生家庭伤害的女孩来说，这伤痛便如荣格所说，永远不会消失，总是以她们不能控制的方式出现，并且始终支配着她们的思想和行为。

这种原生家庭的父母，被人称为伤害型父母。他们的伤害方式往往不是打骂，而是一系列持续的负面行为，包括操控、身体虐待、言语暴力、不作为等。父母的思想和观念，形成了原生家庭的模式，她们自然也影响了女孩人格、性格、认知、思想的形成。对于女孩来说，父母是自己最信任的人，是赖以依靠的一切，她们自然而然会接受父母的教育，顺从父母的规矩。然而，女孩没有意识到的是，父母的行为给自己带来的伤害与压抑，需要自己用一辈子来治愈。

与其他伤害相比，语言暴力伤女孩更重，在她们成年后，依然影响她们的生活、工作。如果说身体上的伤害可以被看见，可以被治愈，那看不见的语言虐待的威力更具有杀伤性。它让年幼的女孩习惯否定自己，找不到自我价值感、认同感和归属感。最可怕的是，它会无形中让她们变成自己最讨厌的样子。

不要做伤害型父母

一位青春期女孩曾经无助地说："父母的语言暴力让我崩溃，他们的话尽是贬低、否定，而且动不动就是辱骂。从小我就极度敏感自卑，很容易情绪失控，更可怕的是，我发现我也受到他们的影响，成为自己最讨厌的样子。"

这个女孩成绩不算优秀，但很努力。然而她的努力，父母却看不到，甚至说毫不在意。他们在意的是，她比隔壁小明落后，又比不过同事家的孩子，让他们很没面子。每次考试后，父母便气急败坏地指责她："我们为什么会生出你这样的笨蛋？你难道是废物吗？"

如果女孩反驳："我努力了！而且这次比之前进步了！"父母肯定继续责骂："努力有什么用？一样是考不好。算了，我们已经对你彻底失望了，反正你什么也做不好！"如果女孩掉眼泪，父母就更不耐烦了，骂得更难听了："你还有脸哭？我们要是你，都没脸活下去！你看看，谁像你这样笨！"

说这些时，女孩眼里流露出悲伤、无助与彷徨。父母的贬损、侮辱，极大地伤害了她的自尊心。她不明白父母为什么这样对待她，她想要逃脱，但又逃脱不掉，内心痛苦不堪。

女孩的父母还喜欢迁怒。工作不顺利，遭到老板批评，回家就会把火气发泄到女孩身上。夫妻两人因为某些事情发生争吵，彼此心里都不痛快，就会不分青红皂白把女孩骂一顿。这样做他们的愤怒、憋屈是得到了宣泄，但丝毫没有考虑孩子的感受。

这一天，女孩放学回家，打算休息一会儿再去写作业。谁知妈妈上来就大声责骂："还不快点去写作业！你整天就知道玩，脑子这么笨，成绩这么差，难道还不努力学习吗？"

女孩只好解释说："我想……"

妈妈的怒火更盛了，烦躁地对她大喊："不要狡辩，现在就给我滚去写作业！"女孩吓得打战，不敢再说一句话。

是的！女孩妈妈在迁怒，因为她在公司受了委屈，被同事抢了功劳，所以把愤怒、郁闷的情绪都发泄在了孩子身上。

女孩的父母一点儿都不爱她吗？应该不是。因为几乎没有不爱孩子的父母。但不可否认，他们毫不留情地贬低、辱骂，严重地伤害了女孩的心灵，摧毁了她的人格健康。

伤害型的父母是有毒的，这种毒让女孩在原生家庭中不得不戴上虚假的面具，直到成年后，她们依旧摆脱不了这种毒，习惯性地用面具来保护自己。就算经过自己的努力，女孩能肯定和相信自己，但一遇到重大事件或外界刺激，就又会恢复如初。

另一个女孩的经历也类似。

她从小就被父母忽视，不被关爱，没有安全感，极度自卑和敏感。十八岁那年，她上了大学，收获友情与爱情，变得自信、乐观。再后来，她开始工作，表现不错，备受领导和客户重视，成为别人眼中的优秀者。

可只有她自己知道，一旦与爱人发生争执，她就会极度敏感，患得患得；一遇到大事，她就会极度不相信自己，不敢做选择。她一面鼓励自己，一面又无法真正建立自我价值感和认同感，导致内心备受煎熬。

 ## 给父母的建议

原生家庭之伤，对于女孩来说，真的是不可磨灭的，往往需要女孩用一辈子的时间来自我治愈。可悲的是，这些伤害却是父母给的。因此，想要避免女孩受到伤害，就需要父母做出改变，给予孩子正确的教育，以及方式正确的爱。

1 不做伤害型父母，拒绝负面的教育方式。在亲子关系中，父母永远处于主导地位，一句话可以照亮女孩的人生之路，让她们的人生充满阳光和快乐。同样地，一句话也可以给她们带来阴霾和痛苦，让她们的人生充满阴郁和忧伤。

女孩，需要的是关爱与温暖，需要的是健康与安全，父母要做的是给予女孩爱、陪伴与关怀，做到不强制、不控制，变管制为沟通，变暴力为温情，给她们一个好的原生家庭。

2 检查和审视自己与女孩之间的关系，建立良好健康的亲子关系。不管是小孩子还是大孩子，身上总是有着这样那样的缺点、不好的行为，但父母不必一味地说教、打骂、控制，否则亲子关系只会越来越糟糕，甚至彼此成为敌人。

3 如果父母已经给女孩造成伤害，就应该及时醒悟，改变自己的思维和行为，治愈女孩内心的伤与痛。治愈过程不是一蹴可就的，除了给予爱，父母还应该建立良好的沟通模式，多与孩子交心，多给予孩子平等与自由。当然，还需要教会女孩进行自愈，努力让自己走出阴霾。

第二章

富养女孩
——用物质财富换精神财富

女孩要富养，但真正的富养不局限于金钱的丰富与物质的满足。富养，真正的意义应该是从小培养女孩的气质、品质与素养，让她们在如花的年龄拥有丰富的阅历、富足的知识、足够的智慧，进而能追求属于自己的美好未来。富养的外在表现为物质的富足，但内在体现却是心灵与精神的圆满。

富养的目的：
赶走潜伏在心中的自卑

女孩要富养，这是现在绝大部分父母接受并奉行的观念。因为富养的女孩与穷养的女孩相比，真的有很大的区别。当然，这里的富养与穷养包括物质上的，更包括精神上的。

美国一位教授曾经做过一个长达十年的跟踪调查，调查对象是环境不同的三十个家庭，男孩女孩各占一半。这位教授发现，那些童年不幸福、被穷养的女孩，长大也很难获得幸福，生活很是坎坷。

最明显的特征是，这些女孩无论是物质上被穷养还是精神上被穷养，都存在严重的自卑心理。

一些女孩在小时候过于贫穷，物质上比较匮乏，在金钱方面比较敏感，表现得小家子气，进而表现出敏感和脆弱。在与同学朋友交往的过程中，但凡被比较或是谈论金钱方面的问题，都会觉得自己被瞧不起、被嘲笑，总是感觉自己低人一等。

这样的女孩，骨子里有着自卑，就算学习上比所有人都优秀，仍然很自卑。她们不敢进行社交，遇到喜欢的人，不敢主动结交，就算对方主动，也表现得小心翼翼。在朋友面前，她们不愿意表现甚至不敢表现，在公众场合不敢讲话。长大成人后，喜欢的东西不敢买，想做的事不敢做，渐渐变得唯唯诺诺。

一些女孩在精神上被父母穷养，缺少陪伴和关爱，不被鼓励、不被认同，甚至被苛责、被打骂，因而极度自卑，缺少安全感，永远自信不起来。她们在家庭中得不到爱，往往会把希望寄托在外人身上，很容易被人俘获或欺骗。她们的性格存在缺陷，或是乖张、脾气暴躁，或是固执、偏激、孤僻，之后的生活往往很是不幸。

相反的是，那些从小被富养长大的女孩，不会对金钱过于敏感，不会被一些外在的东西诱惑，比其他人更自信和从容。她们往往表现出情商高、健谈、大方的特质，因为见识多，面对任何人或任何场合都毫无畏惧，浑身散发着自信与从容。她们往往有好性格，能控制自己的情绪，见多识广，很清楚自己想要什么以及什么东西是值得自己去追求、去奋斗的，懂得爱自己，也懂得爱别人。

给予女孩一个相对富足的童年

琼是被穷养着长大的。琼的家庭条件一般，父母是普通职员，琼从小就被灌输着"家里条件不好，不要乱花钱""这个东西太贵，我们买不起"这样的理念。从小到大，同学们都有零花钱，放学时会买些文具、玩具或是自己喜欢的东西，琼很是羡慕，可父母从来不给她零花钱。不管是书包、文具用品还是衣服鞋子，她一直都是用旧的，等到坏了才能被允许购买新的。

中学毕业之前，她没有去看过电影，也没去过商场的冷饮店及高级的餐厅，而身边要好的一些朋友则是时常出入这些场所，甚至都去腻了。临毕业时，几个好友一起去看电影庆祝，别人大方地买票、点饮料，而她则手足无措地站在那里，只能亦步亦趋地跟着别人。

有一次，一个要好的朋友大谈特谈生日收到的礼物，还邀请大家一起去饭店庆祝，说家长订好了饭店，购买了大蛋糕、大闸蟹、比萨等美食。其他人都高兴地答应，她却找借口婉拒了，因为她根本没钱给人家买礼物。

到了大学，父母让她办了助学贷款，还让她勤工俭学，为的是给家里省钱。因此她从大一开始就打工赚生活费，日用品能不买就不买，平时能不出去就不出去，也不敢交朋友，过着精打细算的生活。

当然，经济上不富足是一方面，更重要的是，父母同样没有给予她精神上的富养。他们很少给琼真正的陪伴和关怀，还总是嫌弃琼不懂事、不上进。

因此，尽管琼成绩好，长得也很漂亮，可内心却敏感又自卑。她努力地学习，努力地工作，想让自己的生活更好一些，想让自己见识更多东西，她也确实做到了，但仍摆脱不了自卑的心理。

而她的大学舍友萱，则是被富养着长大的。萱是一个温柔的女孩，脸蛋圆圆的、声音柔柔的，骨子里有着自信优雅。她有着琼向往的一切的美好，在她面前，琼显得无比渺小，好像是地道的丑小鸭。

与男孩相比，女孩原本就比较敏感，在人际关系中偏向于不自信，不太敢表现自己，或是更关注自己的缺点，担心因为自己的不足而让其他人不满。她们需要别人的肯定和认可，需要关爱和支持，这是她们自信、独立、坚强的根源。

因此，对于父母来说，与其说富养和穷养，不如说给女孩好的和不好的教育。女孩的自信，建立在父母身上。要是家庭不富裕，父母还不能肯定和认可孩子，无法给予孩子关爱与支持，那她们肯定自卑。相反的是，如果父母能够给予女孩好的教育，同时让孩子有足够的能力、学识、见识，那么女孩必然能赶走潜伏在内心深处的自卑。

 ## 给父母的建议

父母需要明白，真正的富养不只是让女孩得到金钱上的富足，父母千万不能误解了富养的真正含义。

1 不只给予女孩物质上的富足，更应该让她们得到精神上的富足。在富养女孩的过程中，父母要尽量为她们提供好的物质条件，即便家庭条件一般，也不应该灌输"你穷""你不应该得到好的东西"的观点。同时，父母要多关注女孩的精神世界，要从小培养女孩正向的性格，塑造她们的气质，开阔她们的视野，增强她们的见识，开启她们的智慧。

2 给予女孩幸福快乐的童年，施以正向积极的教育。在女孩的成长过程中，富养的另一个内涵就是父母的爱与肯定。不管什么时候，都应该对女孩说：我爱你！在我的心中，你是最棒的！

当然，爱并不意味着溺爱，富养也不意味着培养出娇气、骄纵、贪图享受的"小公主"，这只会害了女孩。

3 父母必须让女孩有眼界、有智慧，为她们提供更多见世面的机会。带她们见识更广阔的世界，经历不同的人生，认识不同的人，女孩才能更好地认识自己、认识世界，对自己的人生有所规划和追求，成为更出色的自己。

用钱投资未来，
而不是消费现在

　　花钱有两种，投资与消费。如果问是选择投资还是消费，相信绝大部分人会选择前者，因为他们明白，如果钱不用来投资，就不能产生更多的价值，如果把钱用来挥霍，就可能有坐吃山空的一天。

　　富养女孩也是同样的道理。对于女孩的富养也是分投资和消费的，区别在于如何规划花在她们身上的钱。当然，想要正确地富养女孩，父母就必须弄明白什么是投资，什么是消费。简单来说，投资是把钱花在孩子身上，消费是给孩子钱花，投资旨在未来，消费则只顾现在。

　　举个例子，同样是普通家庭，一对父母给女孩钱花，随便她想买什么就买什么，舍得给孩子买昂贵的衣服、玩具，带孩子去豪华的餐厅、游乐场；一对父母则把钱花在孩子身上，教会孩子如何花钱，买自己喜欢且合理的东西，激发和尊重孩子的兴趣爱好，为她找最好的老师，培养她阅读的习惯，带她见识世界的精彩与多元。

　　这两对父母对于女孩的富养看起来差不多，其实透露着教育观的不同与格局观的差距，自然也预示着孩子的未来不尽相同。第一对父母只是给女孩好的生活，但没有考虑到孩子的未来。第二对父母则不同，他们旨在培养和提升女孩的能力、思维、兴趣、见识等，目的是对未来投资。

　　对于女孩的教育，直接体现了父母的眼光、格局。父母应该提醒自己，给孩子钱花，不如把钱花在孩子身上；把钱花在孩子的零食、衣物、玩具以及享乐上，不如花在身体、兴趣、见识和能力上。古人说"授人以鱼，不如授人以渔"，授人以鱼，只供一饭；授人以渔，则终身受用无穷。同样的道理，只给孩子钱，只关注现在，孩子的未来可能一无所获。而把钱花在孩子身上，投资孩子的未来，孩子才能有所收获与感悟，为自己创造更好的未来。

为未来投资

有这样一个母亲，平时很少给女儿买零食、玩具，但是会一次次带着挖沙的小铲子、游泳圈，与女儿一起去沙滩玩耍，带着奶粉、水果、便当，与女儿一起去春游，每天都会与孩子玩游戏、读绘本。

女儿不到3岁，她便带着孩子开始走南闯北到处旅游，天津、上海、杭州、苏州、三亚、香港、澳门……在旅游的过程中，她与女儿会体验不同的交通工具，飞机、游轮、火车、地铁，还会选择自驾或骑车。每到一个地方，她都带着女儿尽情体会那里的风土人情，学习那里的语言，认识那里的各种植物、动物。旅行时，她们会遇到很多问题和麻烦，包括迷路、找不到酒店、丢失钱包、意见不统一等，这个时候，她总是先让女儿思考如何解决问题、如何解决麻烦，然后再一起努力渡过难关。

女儿再大一些，她开始激发孩子的兴趣，带她到美术馆、博物馆。很多小朋友都有商场各种游乐中心的消费卡，都买了手机、平板电脑或是各种游戏机，这位母亲却选择把钱花在培养女儿的兴趣爱好上。同时，她给予女儿最大的自由，让她选择最喜欢、最擅长的绘画。而为了支持女孩，她还在旅行的时候带着女儿参观不同画家举办的美术展，还曾花一大笔钱买下女儿最爱的一幅油画。

在孩子想象力最丰富的年龄，这位母亲努力让女儿看到更多、听到更多、感受更多，并且培养她的思维和能力。当很多人质疑她的行为时，这位母亲总是说："喂养孩子靠经验，但是养育孩子却靠智慧。在教育孩子时，父母应该选择好如何用钱和用心，把消费降到最低，使投资升到最大。"

著名作家小霍丁·卡特曾经说过："我们希望有两份永久的遗产能够留

给我们的孩子，一个是根，另一个是翅膀。"这里的翅膀指的并不是物质条件，而是指父母用物质条件给孩子所创造出来的机会，以及未来无限的可能。所以，父母可以在物质上富养女孩，但是不可短视，不要一味地把钱花在孩子的吃喝玩乐、物质享受上，却忽视了对她们的知识、兴趣与能力的投资。

有这样一位父亲，为了给女儿足够好的生活，和妻子在北京创业赚钱，把女儿留在老家，让爷爷奶奶抚养。他拼命地赚钱，每月都给女儿足够的生活费，而且满足她的一切要求，给她买最好最贵的东西。用他的话说，"我一定不能让女儿受委屈"，"别人有的东西，我的女儿也一定要有"。

可是，他却忽视了给女儿提供良好的成长环境和良好的教育。老家条件一般，教育较落后，孩子看不到外面的世界。他没有给女儿高质量的陪伴，在孩子成长过程中长时间缺席，导致孩子亲情的缺失。这种情况下，这位父亲给女儿再多好东西，为女儿花再多钱，又有什么价值呢？

给父母的建议

对于女孩来说，父母对她们的教育往往决定了她们一生的命运。所以，父母应该用钱投资孩子的未来，而不是现在消费。关于这一点，父母应该做到以下两点：

1 自我觉醒，消除对于富养的误解，不做短视的父母。对于女孩来说，父母是她们的引领者，如果父母的眼光高于一般人，那么女孩的心也不会拘泥于小院落，舞台也不会局限在方寸之间。相反，若是父母没有远见，只顾着眼前，那么女孩未来也不会太有出息。

所以从现在开始，所有父母都应该从自身做起，调整自己的教育方式，以一种正确的观念来为孩子花钱，把钱都用在有价值的地方。

2 父母不能直接给女孩财富，而是应该给予她们获取财富的能力。父母应该作为观察者和调动者，发现女孩的独特才华与能力，然后为她们创造条件，引导她们亲自去尝试与探索。同时，还需要调动女孩的内在动力，让女孩在最好的年龄里一边看一边学一边成长。

3

"富女孩"该有的样子

不是有钱就是富养，也并非没钱就是穷养。同样的道理，不是从小物质充足就是富女孩，也并非从小物质匮乏就是穷女孩。那被富养的女孩究竟是什么样子？每个女孩都有自己的生活环境与原生家庭，都有自己独一无二的个性与经历，但不管怎样，内心富足才是富女孩最该有的样子。

家财万贯却没有学识，浮夸放纵，身上有着骄娇二气，整天只贪图享乐，吊儿郎当，这种不算是真正的"白富美"。家境好、被富养着长大，身上却没有骄傲之气，柔和又自信，见识极广，为人落落大方，能力很强又胸有沟壑；家境不算好，但心中富有，从不抱怨和认输，有梦想有追求，不管什么时候都能自信、坦然，不卑微，自尊自爱。这两者才是富女孩的样子。

对于父母来说，富养女孩就是对孩子心灵的一种投资，用物质财富和爱与教育换取女孩一生内心的富足。在成长的过程中，只有内心富足，女孩才能够做到自信和人格独立，找到自我价值和人生的意义。只有内心富足，女孩才能够有做自己的勇气，认可自己、欣赏自己，不必因讨好这个世界而委屈自己。只有内心富足的女孩，才会从容淡定，抵制各种诱惑，坚持自己的追求与人生方向，守护自己的灵魂。

真正内心富足的女孩，从来都不只是生活富足而已，也不会追求那些虚无的东西。同时，她们有底线，敢说"不"，绝不会人前一个样人后一个样。富女孩浑身都有着闪闪发光的特质，也是最幸福、最受人欢迎的女孩。

富养女孩的精神世界

苗苗是老师同学朋友们公认的"白富美"。她家境非常好，父亲是开公司的，母亲是一位舞蹈老师，给予了她最好的教育。

苗苗多才多艺，从小就学习小提琴和钢琴，参加过很多市里的比赛，获奖无数，每次学校举行文艺晚会，她的表演都是最出众的那一个。她见识非常广，去过很多国家，接触过很多知识，无论什么话题都能知晓一二。尽管她非常优秀，但不骄傲张扬，她性子柔和，说话声音不大，总是笑眯眯的，对谁都友好温和，让人不自觉地被她感染吸引。

苗苗性子柔和，却不失坚定，对于自己想要的东西，总是能不懈地追求，就算遇到困难也不轻易放弃。对于喜欢音乐的她来说，就读伯克利音乐学院是她的梦想，从初中开始，她就立志考入这所学校，成为最顶尖的音乐人。为了实现自己的梦想，她每天都苦练小提琴，放弃休息和娱乐的时间，同时还让父母为自己聘请名师，接受长期的严苛培训。

而在美国读大学期间，苗苗从来不追求奢侈品，不追求所谓的顶级品牌，只是安心地学习，做自己喜欢的事情。她参加了学校组办的乐队，成员是一群快乐自信的年轻人，他们时常在大街上为行人演奏。她利用空闲时间，走遍波士顿的每一个角度，还参加一些公益性活动，背着小提琴为穷人弹琴唱歌。

在苗苗身上，我们看到了一个富女孩该有的状态。

心理学上有一个名词叫"心理饥饿"。人若是心理压力大，有时会拼命吃东西，有时会疯狂逛街购物。很多"穷女孩"就存在着这种心理。她们或因为家境不好，或因为不被爱与肯定，渴望认可、赞美和成就感。一些女孩渴望父母的爱，希望父母能看到自己，同父母建立亲密而良好的亲子关系；一些女孩则渴望物质享受、他人崇拜，渴望征服他人，甚至渴望一切虚幻浮夸的东西。

就像《项链》里的女主人公玛蒂尔德，她人长得漂亮，可无奈家境普通，只能嫁给一个小科员。她并不满足，内心渴望物质带来的虚荣，只为买一件奢华的裙子，促使丈夫拿出全部积蓄；为了参加晚会，找有钱的朋友借钻石项链。晚会上她的虚荣心被满足，尽情地享受着被拥戴的感觉。可命运又一次嘲弄了她，她弄丢了那条昂贵的项链，顿时陷入焦虑与恐慌之中。

玛蒂尔德是漂亮的，但她的内心是空虚的，她爱慕虚荣，结果迷失了自己，生活也陷入极端的困境。好在她及时醒悟过来，之后开始面对现实，想办法还给朋友项链，努力偿还巨额债务。她不再虚荣，不再追求虚无的东西，开始实实在在地生活、奋斗。最后，她终于自由了，尽管外貌不再年轻，可她的内心变得富足起来，也迎来了平静而幸福的生活。

 ## 给父母的建议

让女孩内心富足真的非常重要，父母应该努力做到以下三点：

1 尽早培养孩子富足的内心，从小给予她们适当且正确的教育。一个孩子到了12岁左右，基本的人格和性格已经形成。因此，父母必须从小就学会给女孩精神层面的满足，给予她们安全感，建立亲密而又良好的亲子关系。同时，父母应该采用高质量的教育方式，注重孩子自信、独立、顽强等性格特质的培养，教她们做有气质、有追求又内心强大的女孩。

2 父母也要做内心富足的人，给女孩做好榜样。父母身上的很多东西，会直接转移到孩子身上，既包括好的也包括坏的。所以想要女孩内心富足，父母首先要做最好的自己。

3 学会关注孩子的内心，做她们精神上的靠山。女孩有女孩的世界，在这个世界里，她们只是她们自己，也只愿做自由的自己。这个时候，父母可以给予女孩足够的自由，但必须关注她们的内心，给予最好的陪伴和引导，成为她们精神上的靠山，如此一来女孩的内心才会更加健康、富足与强大。

4

别让物质奖励，
成为"定时炸弹"

不少家长在教养过程中喜欢采用物质奖励，一是表达对孩子的宠爱，一是为了让孩子好好学习，更听话懂事，或是养成一些好的习惯。对于金钱、玩具或美食，女孩自然是喜爱的，所以奖励的效果也非常好。

然而物质奖励激发出来的行为，却无法长久地维持。更为关键的是，它可能让女孩"胃口"变得越来越大，对于物质的要求越来越高。这一次，成绩进入前五名，奖励一个芭比娃娃。下一次，想要成绩再有所突破，那么就得奖励一部手机，否则根本无法激起她的"进取心"。

物质奖励还可能让女孩失去内在动力，使女孩只对奖励感兴趣，却对事情本身毫不在乎。于是，努力变成了一种交易，如果父母不亮出筹码，她就拒绝努力。对于一个成长期的孩子来说，这是最要命的，长此以往，她所有的行为都只是为了奖励，进而缺乏主动探索、尝试的思维。

换句话说，对于女孩来说，物质是应该用来消费的，而不是用来奖励的。一旦父母习惯采用物质奖励，那么这看似对女孩好的行为，便极可能成为一枚"定时炸弹"，毁掉女孩的未来。

心理学上有一个"德西效应"，指的就是一个人进行某个活动时，如果外界给他过多奖励，不仅起不到激励作用，反而会减少这项活动对他的吸引力，让他失去做事的内在动力。

物质奖励可以有，但精神奖励更重要

一位行为学家曾做过类似的实验：他把一只小白鼠放进箱子，如果小白鼠碰到操作杆，食物就会掉入箱子。很快，小白鼠发现了这个规律，开始频繁地按操作杆，以获得食物。不过，一段时间后，小白鼠只有在饥饿时才按操作杆；当食物停止掉落时，它也不再行动。实验表明，过多外在的奖励并不能刺激小白鼠乐于按操作杆，反而让它学会了偷懒。

对于孩子，情况可能更糟。

一位妈妈讲述了女儿的情况。上幼儿园时，女儿出现分离焦虑，不愿意与妈妈分开，讨厌上学。为了缓解这种焦虑，妈妈常常给她物质奖励，比如上学前给她一个糖果，放学后带她到游乐场玩，或是到超市买一些零食、玩具……

后来，每到上学的时间，女儿就哭闹不停，或是讲条件：你不带我去游乐场玩儿，我就不上学。孩子年龄小，又比较任性，这位妈妈只能妥协。结果，女儿养成了不管做什么事情都要奖励的习惯：吃饭、起床、睡觉、洗澡、上学、上兴趣班……

于是，这位妈妈与女儿的互动形成这样的模式：要求孩子做什么——孩子不做，哭闹、要奖励——不给奖励——孩子耍赖，拒绝执行命令，更严重地哭闹——给奖励——孩子乖乖"听话"。如此反复，女孩失去了是非观，认为做这些事情不是为了自己，而是为了妈妈；想要让自己听话，妈妈就必须给奖励。

更为可怕的是，在女孩的意识里，物质是第一位的，人与人之间的关系也是要用物质来交换的。女孩形成了错误的价值观，谁给自己好处就相信谁、向谁靠拢，进而成为物质的女孩。

还有一位妈妈，为了激励两个孩子养成自理、自主以及做家务的好习惯，实行了物质奖励的方法。她约法三章：洗碗、扫地等家务，谁做谁就可以得到每周10元钱的奖励；整理衣物、房间，谁整理得好就可以得到超市1分钟随心购物的奖励。效果很有效，姐弟俩一开始很积极，抢着帮妈妈做家务，争着整理衣物和房间。这让妈妈很高兴，可一段时间后，姐弟俩就没那么积极了，而且不管做什么都讨要奖励。

一次，妈妈因为粗心大意忘了拿快递，那是给女儿买的几本阅读书。看到儿子已经做完作业正在看电视，妈妈便随口吩咐说："儿子，帮妈妈到快递点拿个快递……"话还没说完，儿子便拒绝说："这书又不是给我买的，我不管！"

无奈，妈妈只好吩咐女儿，可女儿却直接说："要我拿也可以，你得给我买个新发卡，就是昨天看的那个！"

妈妈很生气，说道："那是给你买的书，难道你不应该拿吗？"

谁知女儿反驳说："可这快递是妈妈的，我是帮你的忙呀！没有奖励，我不干！"

这位妈妈气得顿时不知道该说什么。

看吧！用物质奖励来激励孩子，原本就是错误的。孩子的目标发生错位，又缺乏内在动因，自然很难有好的结果。我们很难想象，当孩子长大后，他们的学习、工作、人生是不是需要在奖励的刺激下才能完成呢？当父母年老生病需要照顾时，他们又会不会因为没有奖励而拒绝呢？

给父母的建议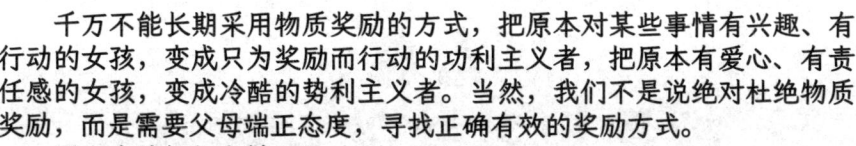

千万不能长期采用物质奖励的方式，把原本对某些事情有兴趣、有行动的女孩，变成只为奖励而行动的功利主义者，把原本有爱心、有责任感的女孩，变成冷酷的势利主义者。当然，我们不是说绝对杜绝物质奖励，而是需要父母端正态度，寻找正确有效的奖励方式。

那么应该如何去做呢？

1 不频繁使用物质奖励，而是应该重视精神奖励。奖励孩子的时候，父母要注意把物质奖励和精神奖励相结合，且更重视精神奖励，比如夸奖、肯定与鼓励。

当然，精神奖励并不简单，我们需要关注女孩的行为，理解她们的心理和感受，进而激发她们做事的内在动力。我们需要付出行动，给予女孩拥抱、抚摸、亲吻等，让她们感受到情感上的满足。同时，对于年龄小的女孩来说，小红花、五角星、"好孩子奖章"是最好的奖励，可以让她们自信满满，带着荣誉与骄傲前进。

2 强化奖励与行为之间的关系，将正确的价值观传递给女孩。生活中，如果女孩学会一个技能，或是取得一些成绩，父母可以给她们奖励。但是一定要弱化两者之间的关系，避免女孩把之后的行为或努力当成是换取物质奖励的筹码。

3 适度奖励，不纵容女孩的过分要求。父母可以偶尔给孩子一些物质奖励，但是要注意适度，不能超出家庭经济能力，不能答应孩子的过分要求，比如小学三年级，却要求买手机、iPad。奖励过了头，效果就会适得其反。

5

富养，
就是用爱陪伴女孩成长

情感是人最基本的精神需求，也是最迫切的需求。对于每个女孩来说，内心最为渴望的是亲情、爱情和友情。虽然父母与女孩的亲情与生俱来，然而很多父母能够给女孩好的生活环境、物质享受，却出于种种原因，让她们缺少真正爱的陪伴。

就算生活在宫殿里，享受着锦衣玉食，若是缺少亲情，女孩的生活也是灰色的、沉重的，无法像同龄人那样肆无忌惮地笑，只感觉到孤独、压抑与不幸福。直至长大成人，这种灰色、沉重依旧会笼罩女孩的心，让她们陷入渴望爱却又不相信爱的矛盾中，甚至导致心理的不健康和性格的扭曲。

事实上，很多名义上被富养却缺少爱的陪伴的女孩，容易患上情感缺失症。因为时常见不到父母，或是缺少父母的高质量陪伴，她们往往在行为上或心理上出现某种缺陷，具体表现为自卑、怯懦、恐惧、孤僻、安全感缺失、焦虑、不合群、不友爱，甚至会发展为脾气暴躁、有暴力倾向、人格障碍等。这些女孩的父母普遍有类似的错误想法：爱孩子，就应该给她们最好的物质条件，满足她们的一切要求（包括合理的与不合理的）。他们很爱自己的孩子，恨不得为她们付出一切，可唯独忘记付出时间和精力，给予女孩真真切切的陪伴。他们忽视了，对于孩子来说，物质上的满足是次要的，情感上的满足才最为关键。

用爱与陪伴来富养女孩

某电视节目中出现这样一个女孩，她从小跟着爷爷奶奶长大，虽然被视为掌上明珠，但很少见到父母，更缺少父母的陪伴。进入青春期后，她变得越来越叛逆、暴躁，每天打扮得花里胡哨，文身、打耳洞、打架、与一帮"坏孩子"混在一起。她早早就辍学，一言不合就对身边的人拳打脚踢，不管对方是小孩还是老人。她不跟父母交流，不听年迈的爷爷奶奶的劝说，肆意挥霍着金钱和时间。

很多人说这个女孩叛逆、无礼，可难道孩子的错不是父母的错吗？若是父母能够在她童年给她足够的关怀，让她享受到亲情的滋养，那么她还会如此叛逆吗？

事实证明，这样的女孩内心也有柔软的地方，若能得到父母真正的关怀与照顾，也会流下伤心与委屈的眼泪。那时她会懂得关爱别人，懂得为别人付出，虽然比平时苦一些累一些，可她笑得比任何时候都幸福。

再来听听另一个孩子的故事：

因为父母整天忙碌着，这个孩子8岁前时常看不到父母，生活全由女佣照顾。而女佣虽然照顾她的衣食住行，却从不与她交流，更别说给她爱与关怀了。后来，父母离婚了，她和父亲一起生活。可是，她等来的不是父亲的爱与陪伴，而是专制、强势与漠不关心。父亲只对她提出命令，并且不允许她提出任何反对意见。

因此，这个孩子童年时期异常孤独，没人陪伴、没人关心，虽然她的生活非常富足，享受着最好的物质条件，可内心经受着痛苦与折磨。从小缺少亲情，也让她性格孤僻、脾气古怪，无法让自己快乐起来。尽管成年后，她

获得了非常大的成就，可内心依然异常
脆弱，像是一个孤独且无助的孩子。

　　事实上，很多女孩是因为缺少爱
的陪伴，才导致了心理和性格的缺陷。
她们在青春期会变得叛逆、暴躁，会拒
绝与父母和外界沟通，甚至会陷入孤独
与自闭，她们无法感受到爱，随时会产
生一种"被抛弃"的心理投射。随着年
龄的增长，这种感觉会变得越来越强，
以至于不知道什么是爱，不知道如何去
爱，甚至失去爱的能力。

　　千万不要等女孩长大之后才幡然悔悟，没能给予她们更好的陪伴，没能
让她们度过幸福的童年，也不要等女孩变得叛逆、拒绝接受父母的关爱之后
才自我责备，只给她们金钱和物质，没给她们关爱与呵护。

 ## 给父母的建议

　　父母需要用物质来富养女孩，更需要用爱与陪伴来富养女孩。父母
用爱陪伴女孩成长，不管多忙都不忘与女孩沟通，能及时给予她们关爱
与照顾，自然可以让她们成长为阳光、爱笑、勇敢、快乐、有爱的人。
那么父母如何给予女孩爱的富养呢？

1 要爱和关心女孩，与她们建立亲密的亲子关系。是的，每个成年人都
忙，忙于事业，忙于应酬，但这不是父母忽视女孩、不陪伴女孩的理由。而
且，父母的陪伴应该是高质量的、真真切切的，而不是心不在焉，或是一边接
打电话，一边"看管"女孩，或是不倾听、不交流。不管是长时间的缺席，还

是只是单纯地"陪着"，对于女孩都是一种伤害，会让她们失去被爱的感觉。

2 要给女孩富裕的家庭，更要给女孩父母有爱的家庭。如果父母爱彼此，女孩便可以感受到家庭的温暖，感受到爱与被爱的力量。如果父母不爱彼此，争吵不断，或是感情不和，那么女孩就会没有安全感，很难成长为积极健康、快乐勇敢的女孩。

3 除了给女孩爱与陪伴，还需要让她们学会保护自己，学会分辨对错与是非，学会如何实现自我的成长。这是爱孩子的表现，更是父母应该尽到的责任。

6

丰富阅历，
提高女孩的见识与眼界

富养的女孩，性格好，格局大。

性格好主要在于父母的教育与引导，格局大并非单纯的语言引导可以实现的。想要让女孩有更大的格局，不局限于眼前的分寸空间，父母需要让女孩开阔眼界，带她们认识更为丰富多元的世界，看到更为广阔精彩的世界。

足够丰富的阅历，可以提高女孩的见识和眼界，让她们的心灵充实而又自信，使她们不至于沉迷于物质享受，或是为了一些肤浅的欲望去妥协或取悦别人，更不至于身上穿着名牌，内心却空洞不已。

可似乎很多父母看不到这一点，抓错了富养的重点。虽然他们的女孩得到了很多金钱，也接受了高等教育，时常旅行、出席各种场合，但从未真正在见识和眼界方面得到富养。在有所偏差的教养下，女孩对于金钱的认识，对于这个世界、社会的判断，以及对于内心思想的充实等方面都是欠缺的，甚至处于无知的阶段。

尤其有些普通家庭，父母坚持富养女孩，尽可能给她们提供好的物质条件，尽可能开发她们的智力，为她们报各种培训班、艺术班。似乎只要这样，就能做到所谓的富养，不至于让女孩落于人后。他们以为这样就可以把女孩教育好，可实际上，因为见识不够丰富，女孩举手投足间更缺少气质、素养与格局。

富养女孩还要丰富她们的阅历

不管是物质条件优渥还是物质条件普通，父母都需要明白，真正对于女孩的富养，绝不是在她们成长的道路上无原则、无甄别地砸钱。正确的富养，是让她们见多识广，拥有独一无二的思想与见地。

民国才女林徽因是中国历史上被富养成功的典范。

林徽因家世显赫，虽然后来家道中落，但她的祖父是有思想的读书人，在那个陈旧的年代拥有先进的思想，她的父亲也饱读诗书，拥有开明、自由的前卫思想，因此，林徽因一出生便接受了中西方文化的熏陶。小时候，她享受着优渥的生活，是备受宠爱的大小姐，同时也时常与祖父、父亲有书信往来，接受先进思想的熏陶与教育。

在这样的环境下，林徽因一点点地成长着。之后，她辗转浙江、上海、北京、天津等地，所走过的路，所看过、听过以及经历过的事，都丰富了她的阅历，让她成为一个有独立判断能力的女孩。后来，父亲让她进入一所女子贵族学校，接受全新的西方教育，让她了解西方文化知识。

16岁时，在父亲的陪伴下，林徽因开始游学欧洲，从法国到意大利，到瑞士，到德国，阅遍千山万水，览尽欧洲各国文明。在这个过程中，林徽因看到一座座博物馆，一处处文化古迹，以及各种形态的欧式建筑，感受到它们与中国传统建筑的不同美感，进而对建筑产生了浓厚的兴趣。同时，父亲让她跟随自己与很多客人进行交流——这些客人都是牛津大学、剑桥大学的佼佼者，使得她内心的思想不断得到充实，视野也发生了翻天覆地的变化。

后来，林徽因更加热爱建筑，专门到美国攻读建筑学，成为著名的建筑学家、中国古代建筑学科的开拓者，同时在文学、教育方面也都做出出色的贡献。

因为得到真正的富养，林徽因学贯中西、思想开明、见多识广，接触过大千世界，却不被浮华与虚荣干扰；经历过繁华，也能甘于清贫，不因贫寒与困苦而改变初衷，始终追求自己的梦想；感情丰富，却坚持内心的主张，不沉迷、不放荡，远离不该爱的人。

虽然处于那个思想不开放的年代，但不得不说，林徽因的父亲教育女孩的方式真的符合现代"富养女孩"的期待，甚至比今天的很多父母做得要好上许多许多。他真正把林徽因富养成具有高姿态、高修养、高格局的"人间四月天"。

 ## 给父母的建议

富养女孩，体现的是父母的眼光和格局。尽管父母的行为看似微不足道，却能把女孩带向更广阔的世界，让女孩的内心与思想更加坚定与开放。当然，见识与眼界就像是性格、习惯、三观一样，不是一两天就能形成的，需要父母长时间的教育与滋养，这就要求父母在她们小时候就做出努力。

1 父母应该多带女孩见识广阔的世界，让她们了解这个世界的丰富、多元与广阔。带女孩去见识这个世界，并非单纯地旅行，所到之处，父母都应该让她们了解各地的风俗、历史、人情，与那里的人交流，如此一来，女孩不仅可以扩大视野、眼界，还可以更有知识、思想和内涵。

父母可以亲自带着女孩看世界，可以去国内外的大城市，领略大城市的缤纷多彩、流行文化，也可以去古朴传统的村落，感受不同地域的风土人情。还可以让女孩参加夏令营、游学，这不仅可以让女孩打开眼界，还可以提升她们独立、探索及思考的能力。

2 让女孩多尝试，多接触和感受不同的社交环境。社交，可以让女孩不局限在自己的小圈子里，不再孤陋寡闻、自卑、害羞，还可以丰富她们的人生阅历，显露出应该具有的胆识、自信及高情商。

3 父母还需要带女孩多参观各种文化场馆，比如博物馆、文化馆、科技馆、美术馆等，使她们对于历史、社会人文知识、科技知识、美学有一定的认知，还可以带领她们参加集体性跑步、爬山活动，或是公益性慈善活动，为她们提供增长见识与眼界的机会。

7

知识的富足，
对于女孩很重要

不管男孩还是女孩，知识上的富足都是至关重要的。因为，知识是取得成功的前提。女孩的气质、阅历、眼界都基于知识，都需要通过不断学习各方面的知识来提升。"腹有诗书气自华"，多读书，多思考，文化素养会逐渐渗透到内心。知识融入血液，气质自然就会流露出来。而且，知识是武装头脑的最好武器，武器锋利了，女孩在任何场合，面对任何人，都能够气定神闲、大放光彩。

但凡有见识和格局的父母，从不会忽视对女孩知识的富养，因为他们知道，丰富的知识，是女孩将来立足社会的筹码，是女孩胸襟更为开阔、内心更为富足的保障。知识富养，不仅是对未来的投资，更是富养女孩的灵魂。

陪女孩一起读书

明清时期的大学问家王夫之，在家庭教育方面的观念也令人深受启发。那个时代，嫁女儿讲究嫁妆，嫁妆越丰厚，越能显示家世的高贵，女儿在婆家越不受委屈。而王家世代为官，人们便好奇他究竟会给女儿准备什么样的嫁妆。等到大女儿出阁的那天，王夫之从书房拿出一个红色小箱子，对大女儿说："孩子，这是为父为你准备了几十年的嫁妆。"

人们很好奇里面究竟装的是什么宝贵的东西。其中一个接亲的人好奇地把它打开了，发现里面竟然全是书和纸稿。众人都露出失望和惊愕的表情，有的人开始叽叽喳喳地议论起来。面对周围人的议论，大女儿的脸面挂不住了，眼泪情不自禁地掉落下来。

王夫之镇定自若，轻声对女儿说："孩子，你平时勤奋好学，喜爱读书，实在很合我的心意。为此，我对你的嫁妆也费了心思。你不要小看这箱子里的东西，那些书册，是我这一生的研究和学问；那些纸稿，是我多年写作的底稿。它们可以教你如何做一个有骨气、有出息的人，比任何金山银山都宝贵啊！"大女儿听了这话，顿时明白了父亲的深意，恭恭敬敬地拜别父亲，骄傲地上了花轿。

把书籍当作嫁妆，在历史上并不多见。这也说明，在王夫之看来，知识上的富足对女儿来说比任何金钱都重要，因为它可以让女儿明事理、懂做人，更可以让女儿有骨气、有出息。

当然，对于父母来说知识的富养并不意味着知识的灌输，如果只看重知识富养的外在形式，强迫女孩拼命学习，一味要求她们考高分、上重点学校，而忽视女孩心灵与精神的成长，那么肯定会适得其反。被父母强硬地灌输知识，女孩不是成长为只会啃书本的"书呆子"，就是会对学习知识产生排斥。

看一个女孩是否在知识上被富养，更大程度上取决于在成长过程中是否产生满足感与获得感，是否表现出足够的骄傲与怡然自得。

一个叫武亦姝的女孩，因为才华与美丽走进人们的视野。在她的身上，人们真正明白了什么是"才女"，什么是"腹

有诗书气自华"。她是《中国诗词大会》第二季总决赛的冠军，她的诗词才华惊艳四座，她的一举一动尽显淡定的气魄与博学之美。

其实武亦姝小时候并不爱学习，是个贪玩的女孩，喜欢调皮捣蛋。但凡老师提问，她都喜欢避重就轻，甚至答非所问，让老师和父母很头疼。一个偶然的机会，父母见到朋友家的孩子爱读书，知识丰富，便询问人家究竟是如何培养孩子的。在知道是陪伴阅读这一方式后，父母也开始以身作则，不再玩手机与下象棋，而是陪着她一起读书。

之后，父母每天都陪伴她阅读，还时常带她领略江南古镇的典雅幽静。武亦姝的父母都是文化素养深厚的人，他们的引导与言传身教给她很好的影响，让她喜欢上诗词、绘画与学习。慢慢地，武亦姝爱上了学习，考入了清华大学，但更重要的是，知识上的富足让她更加豁达、自信，拥有了宝贵的心境与素养。

给父母的建议

　　对女孩进行知识上的富养，是为了让她们拥有不一样的心境、情调与素养。父母要让女孩明白知识的重要性，合理引导她们将足够的时间和精力用于汲取知识的营养。

1 教育女孩好好学习，养成良好的学习习惯。对于孩子来说，首要的身份是学生，主要的任务是学习，父母应合理引导女孩好好学习，不断汲取丰富的文化营养，同时还需要培养女孩的学习能力，不断让她们懂得如何提升和完善自己。

2 培养女孩好的阅读习惯，多接触和探索未知的领域。知识的积累，在于女孩在学校的学习，更在于平时的阅读。父母只有引导女孩养成良好的阅读习惯，让她们多阅读、多思考，才能让女孩逐渐成为思维足够开阔、知识足够丰富、内心足够富足的人。因为一本书，就是一个世界。

3 父母还需要明白，知识不仅局限于书本上，社交、为人处世、面对压力与挑战、选择未来与方向、正确三观的养成，这些都需要学习和积淀。拥有知识，女孩就有了思想，有了认知、判断与选择的能力。因此，除了学习和阅读，父母还需要引导女孩多参与各种实践，多尝试不同的事情，从实践和尝试中积累和扩展知识。

第三章

不要轻易给女孩
下定义

　　女孩是温柔的、纯真的，在很多方面都有别于男孩，父母可以对女孩进行性别教育，但是不能存在性别偏见，更不能轻易给女孩贴上性别的标签。同时，父母是生了女孩，养育女孩长大，但是并不代表就能随意控制和定义她们的人生。

　　女孩，不应该因为性别而被定义，也不应该因为是谁的女儿而被定义。

1

谁说女孩必须"那样做"

很多父母喜欢说这样的话："你没一点儿女孩样！""你是小女孩，应该那样做……"女孩应该是什么样？长发飘飘，穿着裙子，温柔还是娇弱？

虽说现在人们的思想已经很开放，社会已经变得平等，但是一些人包括家长还是会给女孩下定义。在这些人看来，女孩与男孩在性别上有很大的差异，他们认为女孩应该留长发、穿裙子、喜欢布娃娃、个性温柔。然而，不管在心理学上还是行为学上都没有提到，女孩必须喜欢裙子或布娃娃，不可以喜欢短发、长裤，女孩必须温柔、文静，不可以酷、飒。

不同的性别对于事物的认知不太一样，个性和行为也不同。但父母千万不能对性别存在偏见，认为女孩就必须那样不可以这样，否则就可能害了孩子的一生。

女孩，可以是多面的

之前有人做过类似的实验，并且做出一部叫《像女孩一样》的短片。实验者挑选不同年龄段的男孩女孩，把这些孩子分为两组，要求他们在特定口令下做出相应动作。

第一组是成人组，当实验者喊出"像女孩一样奔跑"时，他们动作夸张，矫揉造作，有的人一边摆动头部，一边大喊："哦！我的头发。"当实验者喊出"像女孩一样打架"时，他们一边嬉笑一边打闹，有些人更像是撒娇。当实验者喊出"像女孩一样投球"时，他们只是微微抬手，有气无力地迎合着。

第二组是儿童组，实验者给出的口令相同，可孩子们的表现却大相径庭，他们全部精神饱满、激情昂扬，用力地完成一系列动作。实验者问一个女孩："当我说'像女孩一样奔跑'时，你是怎样想的？"

女孩回答："用尽全力去奔跑！"

最后，实验者得出这样的结论：如果有人被人说"像个女孩一样"，他们的自信会跌入谷底……这会让他们觉得自己很脆弱，比不上别人。

同样是孩子，为什么只是性别不同，父母就存在着偏见，灌输给女孩"女孩子就应该那样"的想法呢？

女孩是独立的个体，有自己的想法与主张，有自己的个性与兴趣，更可以成为自己想成为的人。女孩到底应该怎么做，到底要成为怎样的人，应该取决于自己，而不应该被父母控制，更不应该被外界的偏见所影响。

有个女孩喜欢中性打扮，留着短发，不爱穿裙子，她的妈妈不仅不支持和理解她，反而质疑她心理有问题，时常说："你要留长发，这才有个女孩样。"女孩很委屈、气愤，最后大声宣称："女孩不应该只有一个样子，我不想一辈子都活在别人给我定的标准里。"

这个女孩面临着很多女孩都面临的问题，但是她比那些女孩勇敢，相信她未来的人生必将精彩无比。就算不被别人看好，就算不被父母理解。

同样，还有一个勇敢的女孩，她就是李宇春。

李宇春是2005年《超级女声》的冠军，在那个选秀刚刚兴起，"偶像"这个词还没有全面进入人们视野的年代，李宇春成为万千少男少女痴迷的对象，就连街头巷尾的爷爷奶奶都知道有这样一个女孩。

可掌声与质疑同时存在，只因为李宇春"不像女孩"，不符合"传统女性的定义标准"。她有着硬朗的国字脸，留着短发，喜欢中性风的打扮，声音也"不女孩"，于是各种声音出现了："女孩怎么可以留短发？""女孩怎么打扮得像男孩？""不穿裙子，不温柔，这样还像女孩吗？"甚至有人开始嘲讽和调侃她，给她取外号"春哥"，说什么"信春哥，得永生"。

尽管李宇春凭借自己的才华与努力，开辟了她独有的音乐路线，成为具有自己独特风格的巨星。然而，每当她出现在大众面前时仍会引起热议，关注点也是关于造型与打扮的。尽管如此，她只做自己，只想成为自己想成为的人。

有一次记者提问："你觉得女生什么时候最美？"

李宇春说："不被定义的时候。"

之后，她还为自己与所有女孩写下《给女孩》这首歌，她在歌中表达了自己的主张，也道出了很多女孩的心声：请相信自己是很美好的存在/不用怀疑这是宇宙独一无二的色彩/愿你被这个世界温柔以待/心中撷满爱/卸下所有防备，自由自在……

还有一个女孩，她不爱跳舞爱拳击，是中国也是亚洲首位UFC冠军——她就是格斗女王张伟丽。她用拳头征服了对手，也征服了整个世界。然而，质疑和不友好的声音又出现了：这样的女孩，太可怕了！

对此，她漂亮地回击："谁说女孩必须是柔柔弱弱的，就不能是强壮的、勇敢的？我觉得女生也可以是很多面的。女孩也可以做得很好，甚至更好。"

没错，谁说女孩必须"有女孩的样子"，谁说女孩必须"那样做"。千姿百态，这才是女孩最该有的模样。

 ## 给父母的建议

想要女孩成为内心强大有出息的人，父母就应该避免性别偏见，对女孩温柔以待。因为不管是来自父母还是外界的不经意的性别偏见，往往都会扼杀女孩的天赋，使女孩很难形成健全的人格。

那父母应如何消除性别偏见呢？

1 给予女孩接纳与尊重。虽然男孩和女孩存在差别，但那是生理方面的，父母不能单凭个人的主观意识或是固定的思维，就贸然认为女孩应该在穿衣打扮、行为、兴趣等方面"像女孩"，一旦女孩不符合"传统女性的定义标准"，就责备她们不像女孩，要求她们必须改掉"缺点"。

如此一来，女孩的本性被忽视，个性被抹杀，不仅无法自由自在地成长，还可能变得自卑、敏感，甚至陷入做自我与迎合外界的矛盾中，将很难获得幸福。

2 理解和支持女孩的想法，而不是横加干涉。只要女孩喜欢，想按照自己的个性和喜好来做事，父母就应该给予支持，鼓励她们不受外界的影响，支持她们绽放属于自己的美丽、表达自己的想法。当女孩学会自由且舒适地表达自己时，那么她们注定会成为这个世界独一无二的色彩。

3 不强迫女孩和别人一样，更不要斥责女孩"不像女孩"。即使女孩的性格具有某些不好的倾向，比如过于淘气、野蛮，父母也不要强迫女孩改变自己的性格，而是应该给女孩足够的空间，与她们进行心与心的交流，抓住她们的性格特点，然后进行积极有效的引导与教育。

性别有差异，
但没差距

不管我们承不承认，很多家长在潜意识中会对男孩与女孩区别对待，根据其性别采取不同的养育方式。

有这样一个实验：实验人员把一些男孩和女孩的名字和衣服进行了互换，让志愿者按照自己的认知，挑选适合孩子的玩具，然后陪伴孩子玩耍。实验结果显示，志愿者会根据他们看到的性别，为孩子选择"适合"他们性别的玩具。比如，被打扮成男孩的女孩，得到了机器人、小汽车、积木等玩具，被引导玩益智类游戏，而被打扮成女孩的男孩，则得到了洋娃娃，被引导玩哄洋娃娃睡觉的游戏。

其实，虽然男孩与女孩在行为表现上有很多不同，比如男孩偏理性，女孩偏感性，男孩比较粗线条，女孩心思比较细腻，男孩倾向于喜欢运动，女孩倾向于文静，但是这些差别很细微。

对于有女孩的家庭来说，性别教育很重要，但不需要给女孩贴上性别标签。一旦给女孩贴上性别标签，往往容易形成思维定式或固有偏见，限制甚至抹杀女孩的天赋。更为重要的是，很多女孩身上具有两种性别特征，正如作家周国平所说的那样："优秀的孩子其实都是雌雄同体的，可以聚集两性之间的优点，将其发挥到极致。"如果父母放大性别差异，刻意强化女孩某种特质，强迫她们必须如何如何，往往会让自己成为女孩成长过程中的绊脚石，促使女孩无法健康快乐地成长。

就拿兴趣爱好来说吧，在教养孩子的时候，很多父母都会刻意区分男孩女孩。比如说，认为男孩应该喜欢打篮球、踢足球、练跆拳道，女孩应该喜欢唱歌、跳舞、弹钢琴，然后按照自己的意愿帮助女孩选择兴趣班，不顾女孩的天性与喜好，努力把她们往"文艺才女""气质淑女"方面培养，结果往往适得其反，限制和扼杀了女孩的发展潜力。

再比如，有些女孩思维能力特别强，不管在学习还是生活中都具有超强的逻辑思维能力，更喜欢编程、数独等游戏，平时在学习理科时可以获得快乐与满足。可是有些家长非常固执，觉得这不符合女孩应有的特质，限制她们这一特质的发展，结果扼杀了女孩的天赋与才华。

女孩，尽情发展自己的特长就好

月月是一个漂亮的女孩，妈妈希望把她养成乖巧的小淑女，可是她很顽皮、精力旺盛，妈妈希望她练习舞蹈，提升女孩的气质，可是她偏偏对踢足球情有独钟。每次看到月月到处疯跑，妈妈就感到头疼，于是拒绝了她学习足球的要求，自作主张给她报了舞蹈班。

月月对舞蹈根本没兴趣，平时不练基本功，上课也不用心，还私自参加了学校的足球社团，每天都与一帮男孩一起疯跑拼抢。见她喜爱足球又有天赋，比很多男孩都踢得好、进步快，体育老师便把她选入校队，并且想推荐她到专业培训机构进行训练。当然，这必须经过妈妈的同意，妈妈知道这件事后，不由分说把月月责骂了一顿，想都不想就拒绝了老师的这一提议。

体育老师特意找妈妈进行交谈，说月月是难得的踢足球的好苗子，如果好好地培养，肯定能成为一名出色的运动员。月月妈妈直接拒绝说："她一个女孩子，踢什么足球！我希望她将来成为一名舞蹈家。"

就这样，月月妈妈强迫月月退出校足球队，严禁她再踢足球，同时全力监督她学舞蹈、练舞蹈。可结果呢？月月的足球天赋被扼杀，舞蹈也没练出成绩。妈妈的行为还激起了她的叛逆心，导致亲子关系越来越紧张。

每个女孩都有天赋，这些天赋决定了她们长大之后会成为什么样的人，会取得什么样的成绩。但是在教养女孩的过程中，家长若是刻意对她们进行性别限制，不让女孩尽情地利用自己的天赋和发展自己的兴趣，那么她们很难成为佼佼者。

给父母的建议

刻意强调性别差异，其实就是给女孩的发展施加限制。那么，父母应该如何给予她们最好的教育呢？

1 父母要对女孩进行性别教育，但是不要刻意强化性别差异。在教育女孩的过程中，父母要尽早帮助女孩树立正确的性别意识，让她们明白不同性别之间的区别。父母需要告诉女孩：男孩与女孩性别不同，但是没有差距。不管是智力、能力还是天赋，都没有高低的差别，每个孩子都是出色的，都可以做自己喜欢的事情。

2 父母应该了解和尊重女孩，按照她们的兴趣去培养。虽然孩子的发展是靠后天的培养，但是有些天性是很难改变的。女孩在某方面表现出兴趣或者天赋，若是父母认为这不符合她们的性别特质就进行限制打压，不仅会限制其天赋的发展，还可能让女孩产生自我怀疑的负面情绪，甚至造成一系列心理问题。

谁也没规定男孩就应该喜欢什么，女孩就必须喜欢什么。教会女孩自由地做自己，做自己喜欢做的事情，尽情地发挥自己的天赋，这才是父母对女孩最好的教养。

3 抛弃偏见，多给女孩尝试的机会。父母要抛弃心中那些关于女孩的固化的偏见，不只给她们大人筛选过的玩具、游戏，不限制女孩的思维和行为，而是多给她们尝试的机会，让她们接触更广泛的事物。女孩接触的事物越多，尝试的机会越多，自然就越能发掘自己的天赋、发展自己的兴趣，得到全面均衡的成长，从而拥有无限的未来。

别让性别意识
成为能力边界

性别与能力，有必然的关系吗？或者说，性别决定能力的大小吗？

当然不！

性别只是一种生理特征，并不能决定女孩的行为与性格，更不能决定女孩的能力大小。从古至今，不管国内还是国外，各行各业都涌现出不计其数的女性，做出了突出的成绩。比如科学界的屠呦呦、居里夫人，商界的谢企华、安妮·洛韦容，文学界的李清照、夏洛特·勃朗特……

可以说，性别并不能决定女孩的能力边界。可惜的是，现在很多父母并没有认识到这一点，从女孩出生开始，他们就给她们贴上了性别标签，潜意识里认为女孩与男孩有很大的差别。如我们之前所说，这些父母自以为女孩与男孩思维方式不同，兴趣发展与未来职业方向也应该有所不同。于是，各种益智类、运动类培训班成为男孩的首选，而女孩的默认选项则是主持、跳舞、钢琴、绘画等。父母着重培养男孩成为工程师、医生、建筑师，而鼓励女孩成为教师、护士、会计、舞蹈家等。

能力与性别无关

很多女孩的父母认为女孩是柔弱的，能力不及男孩，甚至认为女孩在某些"男性占据优势"的领域根本无法做出成绩。说到底，这是人们对于性别有偏见，理所应当地认为"因为你是女孩，所以只能做这个"，"因为你是女孩，所以能力有限"。

从某种程度上说，虽然这些父母的初衷是让女孩更好地成长，但实际上，这种性别偏见却成为女孩的枷锁，禁锢了女孩未来的可能性，也限定了女孩的能力边界。因为性别限制，让女孩认为自己不及男孩，从而变得自卑、自怜，不敢大胆尝试，不敢挑战未知。

说到这里，想起一则小故事：一个人买了几条小鱼，养在小鱼缸里。两年过去了，小鱼几乎没有成长，最长的也不过三寸左右。后来，小鱼缸破了，这人只能把小鱼暂时放在鱼池里养。结果短短两个月，那些小鱼竟然长到了一尺长。此时，这人才意识到不是小鱼不能长大，而是鱼缸限制了它们的成长。

仔细想想，这些父母的做法是不是和这个人一样？女孩就是这些小鱼，而性别意识就是限制她们成长的小鱼缸。

因此，父母需要认识到：女孩与男孩相比，或许身材相差很多，或许力量相差很大，但是能力并没有什么差距。

来看看这两个女孩就知道了。

第一个女孩叫刘芃子，在别人都说女孩子不适合学物理的时候，她选择了物理学，在别人都觉得她能力不如男孩时，她如愿考上耶鲁大学的物理学博士，主攻方向是电子显微镜学。而且，刘芃子在很多方面都非常优秀，她有着深厚的哲学、历史与文学素养，读的书涉及国学、哲学等。

第二个女孩叫谈方琳，只有15岁，却被邀请参加世界顶级科学家大会，被称为"世界上最年轻的科学家"。她个子小小的，看起来秀气柔弱，和普通的高中生没任何区别。但是，她从初中就开始研究"斐波那契数列与贝祖数的估计"这一课题，并且获得各种科技比赛一等奖。

谈方琳被称为"天才少女"，这完全是因为天赋吗？不完全是。她的父亲是一位大学教授，除了辅导她学习，还从小就带她参加各种各样高端的学术会议，开阔她的眼界，增长她的见识。谈方琳的父母从来没有因为她是女孩，就认定她的能力不如男孩，认定她不适合研究数学。正因如此，她的天赋没有被抹杀，能力没有被限制，反而不断突破自己的能力边界。

给父母的建议

父母的素质，可以决定女孩能走多远。我们不提倡"鸡娃"，但是我们更反对父母轻易因为女孩的性别而给她们下定义。在这个为"鸡娃"而焦虑的时代，所有父母都应该客观地看待女孩。

1 父母要对女孩进行性别教育，但是不要刻意强化性别差异。在教育女孩的过程中，父母要尽早帮助女孩树立正确的性别意识，让她们明白不同性别之间有区别，但是男性和女性没有差距。不管是智力、能力还是天赋，都没有高低的差别，每个孩子都是出色的，都可以做自己喜欢的事情。

别以为女孩就不如男孩，也别限制女孩的成长。女孩与男孩，表现上有差别，小部分是天生的，大部分是后天养育的结果。父母千万不要以性别为借口，说自己的孩子不如别人，说"你是女孩，做不好也没关系"。

2 父母要保护女孩对这个世界的好奇与探索，告诉女孩"世界很大，你应该去看看"。对于女孩来说，自身的天赋与努力很重要，但是父母的眼界、素质更为重要，它决定着女孩是能尽情地探索与发挥潜力，还是被局限在"小鱼缸"里。所以，父母不仅要为女孩提供好的物质条件，更应该相信她们未来的无限可能性，激发她们的内在动力，引导她们看得更高、走得更远。

3 给予女孩鼓励，让她们成为最好的自己。教育家苏霍姆林斯基说："世界上没有才能的人是没有的。问题在于教育者要去发现每一位学生的禀赋、兴趣、爱好和特长，为他们的表现和发展提供充分的条件和正确的引导。"所有父母都应该鼓励女孩自由做自己，凭借不断地努力与提升，成就最好的自己。

标签贴上容易，
撕下来却很难

对于男孩女孩，父母总想给他们贴上各种标签。就像成人的世界里把人简单地分为好人和坏人，在孩子的世界里，通常也会被简单地贴上好的坏的标签。好的标签包括听话、乖巧、聪明、有天赋，坏的标签包括淘气、叛逆、愚笨、内向、爱哭、情商低、人缘差。

这种贴标签的行为不是现在才有的，而是由来已久。古代，女孩不就是被贴上"无才便是德""足不出户"等标签，而被限制、被束缚吗？

不管什么时候，父母强行给女孩贴上各种标签，都是对女孩的一种限制和伤害。女孩一旦被贴上标签，就会成为标签所标定的人。而这就是心理学上所说的"标签效应"。之所以会出现标签效应，是因为标签具有定性导向的作用，不管是好的标签还是坏的标签，对于女孩的自我感知与自我认同都具有强烈的影响。尤其是负面标签，这种影响更为广大且深远。

把负面标签替换成正面标签

对于女孩来说，父母对于自己的评判具有一种权威性，再加上她们自我认知能力有限，往往将这个评判当作事实。妈妈说我愚笨，那我就是愚笨的。爸爸说我磨蹭，那我就是磨蹭的。女孩的自信心和价值感无法建立，在之后的行为中会出现类似的想法：妈妈说我笨，那我肯定做不好这件事。于是不再努力，不再尝试。爸爸说我磨蹭，那我的行为肯定很慢。于是做什么都不着急，觉得反正怎么努力都快不了。最后，真的变成负面标签定义的样子。

心理学上有一个非常著名的案例。

一位母亲带着9岁的孩子看心理医生，苦恼地抱怨着："我生这个孩子时遭遇难产，费了很多工夫才把她生出来。孩子出生后需要吸氧，医生说她的智力可能会出现问题。果然，因为先天不足，这孩子脑子不太聪明，转得很慢，学习成绩一直倒数。我带她去过很多医院，可就是检查不出什么毛病。她这脑子就是我当初难产造成的。"

心理医生看着身边的孩子，问她怎样想，这孩子不假思索地说："我脑袋不聪明，所以学习很差劲。"

这位母亲接着强调："每次看医生时，我都会先声明她的先天缺陷。"

可进行智力检查后发现，这孩子智力正常，根本不存在先天缺陷的问题。这个时候，心理医生已经心中有数，孩子之所以学习差，就是因为母亲给她贴上了"脑子转得慢""不聪明""先天缺陷"的负面标签。这些标签形成了消极的心理暗示，让她慢慢地向着这些标签靠拢。

类似的事例还有很多。尽管绝大部分父母的出发点是为了自己的孩子好，希望孩子能越来越好，可行为上却恰恰相反。比如，父母希望女孩聪明、学习好，却给她们贴上"笨""不爱学"的标签；父母希望女孩积极乐观，善于表达自己，却给她们贴上"害羞""内向""胆小"的标签。或许之后父母会给予女孩鼓励和指点，教她们如何改掉不足，但绝大多数情况下，女孩更容易受负面标签的影响，很难听到鼓励的话语，比如，听父母说完"你就是个胆小鬼，为什么做事不能勇敢一些？别想那些乱七八糟的，勇敢去尝试……"之后，女孩反而变得更胆小，做事没一点儿勇气。

朵朵是个容易害羞的女孩，父母希望她大方勇敢一些，可一开始朵朵的进步不大，在人多的时候还是容易怯场。于是，妈妈时常忍不住批评她："你太爱害羞了，这可不行。""你这样害羞，之后怎么有出息？你得大胆一些……"然而，朵朵反而更害羞了，在学校里不敢表现，不管是发言还是参加活动都不积极活跃。

一次元旦将至，老师准备让孩子表演节目，让大家踊跃报名。几个平时就很活跃的孩子立即举手报名，有的说三句半，有的唱歌，有的跳舞。征求报名快要结束时，老师鼓励朵朵报名："朵朵，听说你唱歌不错，你可以报名唱歌呀！"

被老师点名，朵朵低下了头，她尽管也想参加，但还是没有鼓起勇气报名。老师想借着这个机会让朵朵有所改变，便又鼓励一番，可朵朵反而把头垂得更低了，小声说："我妈妈说我太爱害羞，如果上台表演肯定会忘词……"

没错，朵朵的害羞是先天性格所致，但是之所以很难改变，与从妈妈那里得到的负面标签密不可分。朵朵妈妈平时没少鼓励她，也曾经引导过她，但是这一切都被时常提起的"你太害羞"给掩盖了，让朵朵在心里给自己定了性：我就是太害羞！我不敢上台表现！

给父母的建议

父母千万不要随便给女孩贴标签，尤其是负面标签。因为标签一旦贴上，就很难被撕下，会带给女孩过多的负面心理暗示，同时禁锢她们未来发展的可能性。那么到底应该如何去做呢？

1 尽量不要给女孩贴任何标签，不管是好的还是坏的。好的标签、坏的标签，都可能给女孩带来限制，给她们的成长带来不利影响。

给孩子贴"聪明"之类的标签，可能会给女孩带来错觉，认为自己聪明，不需要努力；还可能认为自己聪明，不需要新的学习和挑战。

给女孩贴"乖巧""好孩子"的标签，在一片赞扬之中，女孩会不情愿地压抑本不过分的愿望，目的只是让自己贴合那个标签。这标签成了女孩的枷锁，锁住了女孩的真实自我与自由。当她们想要任性一点时，耳边却一直响起父母"你很乖巧""你是好孩子"的声音，结果只能委屈自己，给自己带来痛苦与纠结。未来她们可能变得叛逆，不再乖巧，也可能过分乖巧，失去自我。

2 尽量不给女孩贴上"先天属性"的标签，而是要给她们贴上"后天属性"的标签。先天属性类标签，包括聪明与愚笨，害羞与胆小，后天属性类标签，包括努力、热心、勤劳。与前者相比，后者更能鼓励孩子的成长性思维，同时帮助女孩不断向着正面的方向成长。

3 给予女孩正面的鼓励，引导她们不断进步。除了不给女孩贴负面标签，父母还应该给予女孩正面的引导，比如孩子内向害羞，不是对她们说"你太害羞了"，而是对她们说"你可以很勇敢，这一次比之前有进步，再努力一点点就可以表现得更好"。重视正面的引导，可以让女孩重新定义自我，进而越来越进步。

别用你的想法
定义女孩的未来

很多家长习惯用自己的想法来定义女孩的未来，安排她们怎样发展，成为怎样的人。于是，这些父母不断为女孩做决定，包括上什么学校，选择什么专业，交什么朋友。有一些父母自己或许很成功，在某个领域做出了突出成绩，或许拥有一定的身份地位，于是希望女孩成为自己的接班人，走自己的道路。

可是难道因为女孩是父母的孩子，就应该按照父母的想法来生活，就应该被父母定义人生吗？父母的想法可能是对的，但女孩是独立的个体，有自己的思维，有自己的喜好与追求。就算父母的安排很好，难道就一定适合女孩吗？就因为父母做得出色，女孩就一定要走父母的老路，成为父母的接班人吗？艺术家的孩子，不一定有艺术天赋；企业家的孩子，不一定善于经营和管理。更重要的是，女孩是父母的孩子，而不是父母的附属品，不应该被父母按照父母的想法随便定义和安排。

父母的想法不代表女孩的想法，一旦遭到父母的强迫安排，她们会拼命抵制与反抗，仇恨父母剥夺自己创造未来的权利，进而产生排斥和反抗心理。就算她们真的有相关的天赋，恐怕也很难有好的未来。

父母的强行安排未必是女孩想要的

女孩潇潇从小就学习好，多才多艺，尤其有绘画天赋。潇潇的母亲是一位中学教师，希望女儿能成为一位医生，于是早早为她做好了一系列安排，包括高中时期的文理科选择，高考后的大学专业选择。

潇潇很乖巧、懂事，一开始按照母亲的安排按部就班，如母亲所想考上某医科大学。当她在大学校园里接触到一些新的事物、新的人后，她发觉自己错过了很多东西，也发现自己真的不喜欢医学。面对自己不喜欢的课程，她无法提起兴趣，也无法集中精力，导致各科成绩都很糟糕。

她想要换专业，但又不敢擅作主张。大一下学期，第一次上解剖课，她差点晕倒，生理上和心理上都出现不适，之后接连几天都处于焦虑、紧张之中。于是她发信息征求母亲的意见，能否换到别的专业。等待母亲回应的过程是漫长又煎熬的。结果，母亲只是安慰她，说这是正常现象，经历得多了就没问题了。潇潇彻底失望了，变得抑郁。到了大二上学期，她的抑郁症越来越严重，只能被迫休学。

无独有偶。女孩雅慧的父亲是开公司的，一开始是小公司，后来公司越做越大，颇有规模。对于这个独生女，父亲寄予厚望，一心想把她培养成出色的接班人，于是早早就把她送入名校，让她学工商管理，还专门把她送出国进修。

后来，雅慧学成归来，也如父亲所愿进了自家公司，帮忙打理业务。然而事实上，雅慧根本不是经商的料，没有商人该有的头脑与能力。她尝试做了几个项目，可没有一个项目成功，导致公司赔了不少钱。

因为受环境、智力、机遇、兴趣等因素的影响，潇潇跟雅慧并未能如自己父母安排的那样有好的发展与未来。可见，父母按照自己的想法来定义和安排，设想让女孩成为什么样的人，有个什么样的未来，都只是一厢情愿罢了。

父母总是在替女孩操心，担心她们做错事、选错路，担心她们没有美好的未来，于是想尽办法按照自己的想法与经验来安排女孩的每一步、每一个阶段。然而，有这种想法是错的。每个女孩都是独立的个体，有自己的权利，自己的未来应该由自己来定义。当她们年龄小，没有能力做出选择时，父母可以给予引导和指导，但父母不能把女孩当成自己的附属品，自以为是地操控和强迫她们。

 ## 给父母的建议

想要女孩有个好的未来与人生，父母就应该尊重女孩的想法，以女孩的兴趣为向导，向女孩提出建议，引导她们找到努力的方向。具体可以做到以下几点：

1 应该避免打着"我是为你好"的旗号，用自己的意愿来绑架女孩。父母的确是为女孩好，但是这背后也隐藏着以爱的名义的绑架，希望女孩能听从父母的安排，按照父母的定义来生活。而这种绑架，对于女孩来说是有害的，会促使她们失去选择和决定的权利，更失去自我。

在这种情况下，女孩可能走一条自己不喜欢、不适合的道路，留下一生都无法愈合的伤，更别提拥有美好的未来了。

2 需要尊重和欣赏女孩，引导她们找到自己真正想要的东西。当女孩年龄还小，不知道自己喜欢什么，不知道自己有什么天赋时，父母应该引导和帮助她们找到兴趣爱好，给予她们足够的自主成长的机会，而不是把自己的想法强加于她们身上。

3 应该给女孩释放天性的机会，让她们带着自己的属性自由、自主地长大。当女孩带着自己的属性成长，自然可以尽情地发展自己的个性与能力，从而成为更优秀的自己。

优秀女孩的定义
到底是什么

很多时候，父母希望女孩优秀，能够成才。这是天性使然，没有父母不疼爱自己的孩子，不对孩子关爱有加，不是生怕孩子碰着磕着、走错道路的；没有父母不希望女孩比别人优秀，不是生怕她们活得不尽如人意的。

或许希望越大，心理就越容易失衡吧。当女孩在学习或生活方面做得不尽如人意时，他们便认定女孩不优秀，抱怨和责骂她们"为什么不如别人家孩子优秀"。可到底什么是优秀？什么样的女孩在父母的眼里才算是优秀呢？

一位母亲时常对孩子说："隔壁邻居家的孩子很优秀，考上了名牌大学，然后凭借自己的努力，拿到了出国留学的机会。"

另一位母亲说："××家的孩子真是很有才华，钢琴8级，演讲也非常厉害，时常在学校的活动上演讲，她很优秀。"

还有一位父亲说："我朋友的孩子很优秀，刚毕业就拿到一个年薪10万元的offer（录用通知），经过几年的努力，在北京买车买房……"

总的来说，绝大部分父母认为，优秀的女孩应该是学习好、多才多艺的，未来有好工作、好事业。难道只有这样的孩子才算得上优秀，那些达不到这样标准的孩子，就真的不优秀吗？难道那些学习好、多才多艺的孩子，就是真正的优秀吗？

我们不妨回顾一下，那些受到"学习好、多才多艺就是优秀"观念影响的父母是怎样把孩子引向优秀之路的。为了让女孩成绩优异，父母给她们报各种培训班，奥数、英语、写作，灌输给女孩"分数就是一切"的观点，无时无刻不逼迫她们拼命努力。为了让女孩优秀，父母不顾她们有没有天赋、感不感兴趣，一股脑给她们报各种兴趣班，学钢琴、小提琴、舞蹈、围棋等，希望通过这种方式让孩子成为"鹤立鸡群"的人才。

结果呢？有些女孩活得并不快乐，非但没有像父母希望的那样成为所谓的优秀人才，而且还出现了厌学、逃学等不良行为。有些女孩学习很好，也多才多艺，然而人格和心智却不健全，甚至还患有很严重的心理疾病。

不要让"优秀"和"不优秀"成为女孩成长的绊脚石

女孩小林从小学习成绩优异,年年考试成绩都是第一名,一路从重点中学读到重点大学,随后又拿到了奖学金,实现了很多女孩想都不敢想的留学梦。

这样的女孩,按照很多大人的标准,可以说是十分优秀了。可事实上,她留学不到一年,就被迫退学了。为什么会这样呢?因为她的优秀只限于学习成绩,并不包括心智、心理和人格。在成长的过程中,父母只关心她的学习成绩,一心想让她考个好学校,拿到各种奖学金。为了让她把全部精力都用在学习上,母亲一直在她身边陪读,初中高中在学校周围租房子,大学时期又在学校旁边买了房子,事无巨细地照顾她。所以,从小到大,小林从来没有自己叠过被子、洗过衣服,生活几乎不能自理。因为一心学习,不与同学们交往,小林也不善社交,性格和心智发展并不健全。

出国之前,小林对留学生活充满期待,可出国之后,她才发现自己陷入了困境。生活方面还好说,她通常会把衣物送到洗衣房,住在学校的宿舍里也没有太多事情需要处理。可人际交往方面就糟糕透了。学校里的中国留学生很多,大家经常聚会,一开始也邀请过小林,可是她不善社交,就算去了也只是呆坐在一旁,慢慢地,便没有人再来邀请她了。而其他圈子,她就更融不进去了。虽然她英语不错,但思维和生活习惯的差异,让她无法与外国人成为朋友。另外,不管走到哪里,她都是独自一人,连说话的对象都没有。此外,学校里有很多需要多人合作、进行社会实践的作业,没人愿意找她合作,导致她有很强烈的挫败感。

就这样,小林从一个人人称赞的优秀者,变成一无是处的失败者。她无心学习，消极颓废，最后多门成绩不合格，被学校劝退了。

父母应该明白：真正优秀的女孩，并不在于她们考了多么好的成绩、会多少才艺。一个女孩即便成绩再好，可其他能力都差劲，也不算是真正的优秀。一个女孩即便能力不错，可缺乏良好的人格和健康的身心，也很难称得上优秀。相反，一个女孩成绩不算最好，也不多才多艺，但富有书香气息，会读书、爱读书、内心富足，又怎么能说她不优秀呢？一个女孩资质不算很出色，但独立、勇敢，有自己的思想，有自己的梦想，并且为之努力和拼搏，自然也能称得上优秀。一个女孩踏实、善良，没被残酷的生活击垮，活出属于自己的精彩，必定也能说很优秀。

优秀从来不只有一种定义，也从来没有一个固定的模板。这就好比每一座高山都有各自的姿态，如果我们非要说哪一种才是最美的，那显然不恰当。父母不能随意定义优秀，认定学习好、多才多艺就是优秀，判定考个好大学、找个好工作就是优秀，这也是不恰当的。

 ## 给父母的建议

不管到什么时候，父母都应该正确地定义优秀，抛弃错误的观念和错误的教养方式，让女孩以最正确、适合的方式成长与发展。

1 父母需要放下"神童梦"，不让女孩接受"过分"的教育。不是父母希望女孩优秀，女孩就真的会优秀的。若是父母看到某某家孩子在钢琴方面有才华，表现极为突出，某某家孩子参加电视台的诗词大赛，表现非凡，便一心把自己家的女孩培养成"神童"，一味把大量的知识灌输给孩子，那只能是揠苗助长，不仅无法让孩子变得优秀，反而会给她们带来无望和迷茫。

2 尽量不因为女孩成绩不好、没才艺而否定她们身上潜在的优秀因子。优秀不局限于学习与才艺，做父母的应该多了解、多观察女孩，发掘她们身上独特的天赋与潜能。

3 给予女孩无条件的爱，而不是有条件的爱。很多父母爱孩子，可是这份爱是有条件的，女孩优秀，父母就爱她们，女孩不优秀，父母就不爱她们。有条件的爱，就是女孩头上的紧箍咒，"我不值得被爱""因为我学习好，父母才爱我"，这样的咒语在女孩内心萦绕，她们又如何努力变得优秀？

7

父母的遗憾，
不应该让女孩来背负

很多时候，女孩的人生选择权并不在自己手里，而在父母手里。一些父母把女孩当作生命的延续，于是理所当然地把自己童年或少年时期未完成的梦想，犹如传递接力棒般，传递给女孩。他们殷切地希望，女孩可以帮助自己延续梦想，弥补曾经的遗憾，不管女孩是否喜欢，是否愿意接受。

对于这些父母来说，未完成梦想无非有两个原因，一是没有能力，比如没那个天赋，努力了却始终达不到目标；一是没有机会，因为家庭条件、突发事件等客观因素，错过了大好机会。但不管怎样，遗憾已经留下，便成为他们内心永远的痛。

他们认为，如果自己的孩子能够替自己完成那个未了的梦想，那么这份痛就会减轻许多。可是这些父母忘了，女孩本身就是独立的个体，通过父母的教育与引导一步步成长、发现自己，通过寻找和确定梦想以及之后的不懈努力实现自我价值。如果她们没有自己的梦想，不能为自己的梦想而努力，那么如何证明自我价值，又如何得到自我满足？况且，父母未完成梦想是遗憾，那女孩从来没有自己的梦想，或是被逼迫放弃自己的梦想，难道就不是遗憾吗？是不是她们也要把自己的遗憾转嫁给自己的孩子，然后下一代再把自己的遗憾转嫁给下下一代？

不要让女孩背负父母的梦想

生而为人，每个人都是独立的，都有自己的梦想，只需要为自己的梦想负责就好了，完全不应该背负别人的梦想。这应该是父母都懂的道理，更是需要传递给女孩的价值观念。否则的话，不仅会毁掉女孩的梦想，甚至可能毁掉她们的人生。

女作家伍绮诗的小说《无声告白》讲述了这样一个故事：有一个华人家庭，女孩莉迪亚乖巧懂事，从小就背负了母亲成为科学家的梦想，还承载了父亲融入白人世界、拥有朋友并赢得白人尊重的梦想。她被父母裹挟着前进，而父母从来没有关注过她的梦想是什么，她不是她自己，更像是一个替父母实现自己未竟梦想的工具。在这样的环境下成长，莉迪亚内心充满压抑、感到窒息，最后只能选择投湖自尽来解脱。

还有个女孩童童，她学钢琴有三年了，每天在妈妈的安排下，除了完成学校的功课，就是上培训班、练琴。

可是，童童并不喜欢钢琴，一开始练得不积极、不熟练，疲惫不堪。后来，琴艺提升了，她仍提不起兴趣，每天都在棍棒的威胁下含泪演奏。参加钢琴比赛，虽然获得了一些成绩，可她内心并没有感到欢欣雀跃。

童童多次向妈妈抗议，说自己不喜欢钢琴，想要学绘画。可妈妈的想法却非常坚定，只因为这是她小时候未完成的梦想。童童妈妈从小喜欢弹钢琴，但是由于家庭条件不允许，压根没有实现梦想的机会。现在她凭借着自己的拼搏，有了不错的事业，老公也事业有成，于是就把希望寄托在童童身上，给她买价格昂贵的钢琴、请声名斐然的专业老师。

妈妈的梦想实在太过沉重，压得童童喘不过气来。因为不喜欢，童童每次都面无表情地弹奏，因为被妈妈逼迫，童童内心非常不快乐。她感觉自己是一台高速运转的机器，没有自己的思想和灵魂，也没有快乐和幸福。

有一次，妈妈想让童童参加一个比较重要的钢琴比赛，可是比赛的日子和童童同学的生日会撞上了，那个同学是童童唯一的好朋友，平时自己有什么委屈和不快都只能和她诉说。童童央求妈妈，希望能参加同学的生日会，并且允诺，只要妈妈同意她的请求，她肯定努力练琴，在比赛中拿一个好成绩。事实上，钢琴比赛的时间是晚上，而同学生日会在中午，童童完全可以兼而顾之。

可是妈妈担心参加生日会会影响她的比赛状态，便强硬地拒绝了。童童的情绪崩溃了，压抑在内心许久的不满迸发出来，与妈妈发生激烈的争吵。听着妈妈的训斥，她大声喊道："我恨透了钢琴！"说完，就要去厨房拿刀，想要砍掉自己的手指，让妈妈没法逼迫自己弹琴。虽然童童妈妈及时阻拦，但童童还是伤到自己，左手中指和无名指被缝了好几针。

此后有段时间，童童不能再弹钢琴，还变得叛逆，学习一塌糊涂，疏远和仇恨妈妈。到了此时，妈妈才后悔不已，可为时已晚。

很多父母表面上爱女孩，可内心却是自私的，为了实现自己的梦想，肆无忌惮地"强迫和绑架"女孩。可是凭什么？

诗人纪伯伦说，儿女，借助你来到这个世界，却并非因你而来，他们在你身边，却并不属于你。不承认孩子独立人格的父母，硬把自己的梦想塞给孩子，不是真的爱孩子，养育孩子也带有功利性。这样的父母是不合格的。

换句话说，父母爱女孩，应该给予她们全身心的爱，保护她们、尊重她们、支持她们，而不是控制和左右她们。希望父母都能理解海桑《写给女儿的诗》中这段文字的含义，并且以此共勉。

你不是我的希望，不是的

你是你自己的希望

我那些没能实现的梦想还是我的

与你无关，就让它们与你无关吧

你何妨做一个全新的梦

那梦里，不必有我

我是一件正在老去的事物

却仍不准备献给你我的一生

这是我的固执

然而我爱你，我的孩子

我爱你，仅此而已

 ## 给父母的建议

父母如何做才能让女孩更好地成长呢？

1 父母需要给女孩追求梦想的权利，不要让自己未完成的梦想成为她们的羁绊。父母不能陷入梦想复制这一怪圈，不能以爱的名义绑架孩子，更不能让女孩成为实现自己梦想的工具。要知道，每个孩子都是自由的个体，有自己的世界，也有自己的梦想。

望子成龙、望女成凤本无可厚非，但是父母过于急躁、功利化，便会阻碍女孩的健康成长，给她们的心灵造成伤害。

2 告诉女孩，你有梦想，从现在开始，就去努力实现吧！很多时候，女孩的梦想有些古怪，甚至离经叛道，这个时候，父母应该尊重和支持女孩的梦想，并且引导和帮助她们早日实现梦想。父母的支持与鼓励，是女孩成就美好未来的最大动力！

8

女孩不需要
父母给她们的"完美人设"

父母都希望自家的女孩完美，从出生那一刻开始。

父母希望女孩不哭不闹，乖乖吃饭睡觉，自己玩耍，乖巧听话，喜欢学习，与人为善，正直勇敢，多才多艺，个性独立……总之，父母想要完美小孩，然而现实总是令人失望，女孩身上总是有这样那样的缺点，乖巧却不自信，和善却不勇敢，独立却不爱学习，诸如此类。于是，有些父母开始绞尽脑汁，一心想要塑造完美的女孩。

在这种情况下，这些父母对于女孩的各种要求变高了，一旦发现女孩身上有不能令人满意的地方，便想方设法改变她们。女孩不自信，做事有些消极，他们便强迫女孩大胆些、自信些，甚至把她们逼上各种舞台；女孩有些胖，他们便督促女孩减肥，每日监督她们"少吃，多运动"，不可以好吃懒做；女孩学习不太优秀，总是无法考上前几名，他们就给女孩报各种培训班，逼迫她们努力、努力、再努力……他们如此费心地追求完美小孩，却很少考虑自己的孩子是否真的需要这个"完美人设"，是否真的能够挑起这个"完美人设"。

想要塑造完美的女孩，那是不现实的。要知道，这个世界上并不存在真正的完美，就算是价值连城的碧玉都难免有些瑕疵，更何况是真真切切的人呢？如果父母执着于此，结果很可能适得其反。

因为他们预想女孩是完美的，于是会忽视她们身上的全部优点，唯独对缺点"重点审查"，以致从一开始便不愿意接纳和正确看待女孩，进而导致女孩在成长中得不到关爱与赞赏，变得越来越"不完美"。

或许在很多父母看来，给女孩立"完美人设"没什么不好，可以让女孩变得越来越好。但是，这种追求"完美"很可能让父母越来越焦虑，陷入无法满足的状态。多数情况是，大多数女孩做不到完美，真实能力根本达不到父母"完美人设"的要求。达不到要求会怎样？这只会衬托出孩子的"不完美"，让孩子内心冲突不断，直至让女孩失去自信心和自尊感。即使女孩能够达到要求，可因为她们内心的需求与人设相矛盾，也会使她们陷入痛苦之中。如果有一天，无法承受这种痛苦，女孩便会精神崩溃。而这种后果，是任何人都无法接受的。

"完美小孩"真的能被塑造出来吗

女孩方琦的人生非常完美：毕业于名牌大学，学习、才艺、体育等方面都非常优秀，获得麻省理工学院MBA，是华尔街的一名高级白领，有一位出色的爱人……然而，这位"完美女生"后来竟然自杀了。

这是为什么呢？原因很简单，这个"完美人设"是父母给她的，并不是她自己想要的。方琦的父母能力非凡，是各自领域的卓越者，正因如此，他们对方琦寄予了很高的期望，希望她能成为完美的人，希望她的人生是完美的。于是，他们精心为方琦设定了各种"完美标准"，要求她必须按照设定好的路线前进，包括学习、出国、就业、结婚、生孩子……

方琦在留下的最后的文字中，写出了自己的心声：我非常精确地按照父母的旨意在26岁生日那天办完了我中西合璧的婚礼，并开始准备完美的"28岁在顶尖商学院生小孩"的计划。生活到这个时候，虽然很辛苦，但一直都是所谓的完美。然而，关上门回到家里，问题却非常深刻。

那个父母给她的"完美人设"，让方琦感到压抑、痛苦，几乎窒息。她感觉这个生活不是自己的，感觉自己只是被父母驯化、控制的躯壳，没有思想，没有灵魂。虽然她一直遵循着父母的要求，但内心却充满着矛盾、不甘与纠结，她的行为与思想在内心无法达到统一——既无法说服自己继续忍受，又没有能力逃离，只能用自杀来结束这一切。方琦认为自己解脱了：我再也不用被人唾弃地以他人的标准去循规蹈矩地爬了。

是的，虽然在外人眼里她是优秀的、完美的，但她却认为自己是最卑微的，是被人唾弃的。

父母的追求完美是一种破坏性的教育，更是一种反天性的行为。他们设定的"完美人设"是伤害女孩最深的利器，无法让女孩真正变得出色和强大，同时还可能让她们独立的自我无法正常舒展。

 ## 给父母的建议

父母需要思考："完美小孩"真的能被塑造出来吗？自己给女孩的"完美人设"，真的是她们想要的吗？"完美人设"真的对她们有好处吗？如果答案是否定的，那么所有父母都要学会接纳和尊重孩子，千万别按照自己的意愿给女孩设定"完美人设"。

1 父母需要明白一个道理：接受，是变好的开始。接纳女孩的不完美，是女孩内心最迫切的渴望，会令她们成长得更好，做什么都更出色。可相反的是，父母不能接受女孩，总是强迫她们变得完美，那么就可能阻碍女孩的自然成长，甚至让女孩心理遭受巨大的伤害。

2 给予女孩正确的教育，帮助她们顺其自然地成长。父母不要刻意把女孩塑造成某个样子，更不要强迫女孩非要改掉某些缺点，如果父母的期望和孩子本身的想法较着劲，那么强迫只能违反她们的天性，使得她们无法成为最好的自己。

3 对于女孩来说，只有接纳、悦纳自己的不足与缺点，看到自己身上的优点，才能更好地展现和表达自己，进而让自己越来越出色。当然，这需要父母的引导与教育，父母不仅要做到接纳不完美的女孩，更要做到教会女孩接纳自己的不完美。

9

不用"听话"与"不听话"来区分
孩子的好与坏

在养育女孩的过程中，"听话"一词是父母使用频率最高的。比如，父母时常会对女孩说"你要听话，做一个好孩子"，"你要乖乖的，不要让爸爸妈妈操心"，"你不听话，我就不喜欢你了"……

按照这些父母的教育方式，女孩真的非常听话，养成了很多"好习惯"，在家听父母的话，在学校听老师的话，在外面听小朋友的话。父母看着自己教育的"成果"欣欣然，微微笑，庆幸自己教育出听话的好孩子。可是，他们不知道，女孩过分听话也是一个问题，在一次次被要求和强迫听话的情况下，她们内心的需求与想法也被抹杀了。

被父母要求听话的女孩，往往容易产生习得性无助心理。不管年龄多小的女孩，都有自己的想法，比如按照自己的喜好摆放玩具，以自己的节奏穿衣吃饭。如果这些行为在父母看来是错误的，强行要求她们按照父母的要求去做，可能会造成严重的后果。女孩的选择和想法一次次被否定，久而久之，一种弥漫的、无助的、抑郁的感觉就会出现，自我评价就会降低，无助感也油然而生。

这是非常严重的事情。如果有一天，女孩变得过分听话，那么也有可能会完全失去自我。不仅在家如此，在学校，女孩也不敢表达，甚至不愿去思考自己的主张，在社会上，女孩也害怕表现自己，甚至不敢做自己想做的事情，只会听从与跟随。而这是父母所乐见的吗？

不要对女孩施以过分的听话教育

有这样一个事例：

一个十几岁的女孩，从小就被教育要听话，听父母的话，听老师的话。这个孩子确实做到了听话，可问题是，她只知道听话，几乎成为只听命令的机器人。

有一次，天气非常恶劣，刮起了大风，下起了暴雨，再加上电力设施被毁坏，孩子所在那一片区域都停电了。可这孩子吃完午饭，却径直拿起雨伞，推开门便要去上学。亲戚问她："你干吗去？"孩子认真地回答："去上学！"亲戚惊讶地说："天气这么恶劣，还停电了，你现在如何上学？"孩子说："老师说了，上学不能迟到。"

亲戚看了看手表，离上课时间还有二十多分钟，而从家到学校只需三五分钟，只好无奈地劝说："现在时间还早，你可以等风雨小些再去上学！再说了，《安全手册》已经讲了，天气恶劣的情况下，学生应该注意自身安全，尽量做到避险……"

事实上，这孩子并没听进亲戚的话，一心想着"听话"地不迟到，等到风雨稍微小些就急匆匆地走出家门。晚上也是如此，吃完晚饭就匆匆去学校上晚自习，只不过不一会儿又匆匆回来了。原因是，老师说晚上可能有暴雨，走读生不需要上晚自习了。

原本这孩子也是走读生，但因为家距离学校近，老师总是要求她上晚自习，每次都特意嘱咐她留下来。这一次，老师可能忘了说那句"××，你可以留下来"，她便回家了。亲戚问她为什么回来了，她委屈地说："老师没让我留下。"亲戚不解地问："之前遇到这样的情况，老师都会嘱咐你可以留下，难道你不能自己想一想吗？"她依旧只有那句话："老师没说！"

看到了吧！这孩子是听话，可问题也在于过于听话了。因为习惯听话，一个命令一个动作，她已经失去了思考和判断的能力，甚至根本没有自我思考的意识。试想，如此下去，她学习会有突破吗？长大之后，除了听话之外，她如何做成事情，又如何有出息呢？

过分的听话教育，是控制与绑架。一方面，它更容易扼杀女孩的天性，阻碍女孩自我的成长与思维的发展，甚至成长为只会听话的"巨婴"；另一方面，听话的女孩往往迫于外界的压力以及想做好孩子的渴求，习惯压抑自己，形成讨好型人格。

 ## 给父母的建议

父母当然需要教育女孩，让她们懂规矩，避免做出过分出格的事情，还要引导她们改掉缺点，但是千万不要进行听话教育。

具体来说，父母教养女孩时，应该做到以下几点：

1 孩子是好还是不好，关键在于父母如何来看待。面对"不听话"的女孩，父母应该学会冷静客观地看待，而不是片面地认为"不听话"的孩子就是"坏孩子"，就必须让她们"改邪归正"。要真正接纳和理解孩子，肯定其合理行为，正向引导其过度行为，而不是扼杀她们所有的"不听话"行为，这样才不至于抑制女孩自由意志的发展以及潜能的开发，才能够让她们在将来更有思想和主张、更有出息。

2 女孩并非生来就是为了听父母的话而存在的，她们可以做自己，可以想做什么就做什么，只有让女孩变得不盲从、不一味听话，在日后的学习和生活中，她们才能表现出独立性、自主性与创造性。

3 如果你家的女孩是一个总是和你对着干的"淘气鬼",那么也应该留意和反省一下,看看女孩是不是想逃离你们给她的听话教育。

第四章

内心强大的女孩
——柔而不弱

女孩表面柔弱，但内心不应该脆弱和软弱。或许这份脆弱和软弱可以让女孩看起来楚楚可怜，赢得很多人的同情与怜悯，但终归，这样的女孩找不到人生的出路，更无法活出自我价值。所以，教养女孩的时候，父母要教会女孩柔而不弱，成为内心强大的女子。

1

教会女孩用力量去爱，
而不是用弱点去爱

　　父母采用什么样的教养方式，很大程度上取决于他们对于女孩的期待。父母希望女孩温柔安静，便会要求她们注意言行，不可大大咧咧、肆意玩闹。父母希望女孩大方热情，便会鼓励她们多主动与人交往、多在他人面前表现自己。父母希望女孩独立、自信，便会教育她们接受和表达自己的感受，充满自信和勇气地去做自己想做的事情，成为自己最想成为的人。

　　如果一个女孩从小获得的教养是自我尊重，接受和表达自己的感受，用自己的努力去实现自我，那么长大后，她必定能够看到自己的价值，敢于做自己想做、喜欢做的事情，有力量和勇气去追求幸福、实现自我。若是一个女孩从小被定义为"柔弱的女孩"，获得的是有偏差的爱，甚至得不到关爱与尊重，那么长大后，她往往不会有强大的内心，会缺乏稳定的自信和健康的自恋，无法有力量地去爱，甚至会成为别人的附庸。

　　与男孩相比，女孩总是在渴求和寻找安全感、自我价值感，然而由于她们的内心更为脆弱，往往更容易产生依赖感。在父母的定义与教养下，有些女孩的内心变得尤为脆弱，即使能力不错，仍感觉自己能力差、靠不住，进而放弃独立与努力，就算事业上实现了独立，可精神上仍有严重的依赖性，骨子里仍是柔弱又敏感、没有自我价值感的"菟丝花"。

让女孩有追求幸福的力量

夏颖是一个性格柔弱的女孩，不自信、不勇敢、习惯于依赖他人，之前依赖父母、姐妹，后来依赖朋友、男友。这完全源于母亲的教育。她的母亲是个强势的人，但是生活并不幸福，于是把全部心血放在夏颖身上，把她宠成了"娇公主"。同时，母亲不想夏颖成为第二个自己，便时常在她耳旁叮嘱，给她灌输这样的想法：漂亮的女孩子总是抵不过温柔的女孩子。倘若做不了一个温柔的女孩子，至少你该学会不强势……

夏颖的工作很不错，但与男友恋爱后，总是喜欢依赖男友，做什么事情都以男友的意见为准。见男友工作辛苦，她便辞去了工作，与男友住在一起，安心地照顾他。一开始，夏颖每天在家里看看剧、买买菜，生活过得似乎还不错。可是，名义上是夏颖照顾男友，其实是她被照顾得更多，男友下了班后，还需要为她解决很多小麻烦，包括打破的碗、出故障的电器等等。

同时，一个人在家时间久了，难免变得紧张敏感、胡思乱想，依赖性就更强了。她时常给男友打电话，有时一上午就打七八次，都是为了一些鸡毛蒜皮的事。她一心想黏着男友，就算外出、与朋友聚会都要男友陪着。同时，她还开始"监视"男友，翻看他的手机，查看他的衣物。若男友外出与朋友聚会，她非要让男友带自己一起去，如果被拒绝，便会不停地打电话……

终于有一天，男友无法再忍受夏颖的行为，向她提出了分手。夏颖非常委屈，向母亲哭诉道："我实在太爱他了，所以把感情全部寄托在他身上，温柔地对待他，习惯性地依赖他，可为什么结果是这样？"

听了夏颖的话，母亲也无可奈何，因为她也不知道问题出在哪里。自己太过于强势，所以不幸福，可为什么女儿学会了温柔，成了人人喜欢的"小女人"，也无法得到幸福呢？独立、强势，或是依赖、温柔，究竟怎样才是对的？

事实上，个性没有对与错，错误的是夏颖母亲与夏颖的观念。独立且强势的女孩，或许没有温柔的女孩那般可爱、善解人意，但是她们身上也有独特的魅力，有能力、有勇气，比任何人都出色；同样，温柔且依赖性强的女孩，或许没有独立的女孩那般自信、张扬，但是她们骨子里有着小女孩的柔性美，能激起男性的保护欲。任何个性都有优点与弱点，发挥优点的价值，规避弱点的危害，结果才可能是好的。可若是女孩忽视自己身上的优点，偏偏强化弱点，用弱点去爱，结果只能更加糟糕。

 ## 给父母的建议

就像波伏娃说的那样，将来有一天，女人不是用她们的弱点去爱，而是用她们的力量去爱，不是逃避自我，而是发现自我，不是贬低自我，而是表现自我——到了那一天，爱情无论对男人还是对她们，都将成为生命之源，而不是成为致命的危险之源。

不管女孩个性如何，父母都应该学会用正确的态度去看待她们，给予她们正确的教养，教会她们用力量去爱，而不是用弱点去爱。

1 不要给女孩错误的定义。女孩与男孩存在差别，但是不意味着女孩可以随意被定义，因为女孩也可以个性张扬，也可以对冒险感兴趣，也拥有做任何事情的自由与权利。父母只有让女孩学会自我尊重和自我认可，学会有力量地实现自我，她们才能成为最想成为的人，并且内心强大无比。

2 发现女孩最喜欢、最擅长的事情，找到最能让她们产生满足感和成就感的事情，然后给予她们鼓励、引导，夸奖她们的努力与成绩。对于女孩来说，安全感和满足感是最为重要的。在养育女孩的过程中，父母需要不断让她们看到自己的价值、成功，让她们建立满足感和优越感，如此一来，她们才能更喜欢自己、相信自己，从而不用仰视别人、依赖别人。

3 父母应该为女孩树立好的榜样，或是为她们寻找可以激励她们、引导她们的榜样人物。有了好的榜样的指引，女孩的行为和思想便会发生大的转变，人生便有了更多的可能性。

2

防止女孩用
"柔弱"取悦他人

当遇到危险的时候，动物会本能地选择示弱和逃避，先用柔弱骗过敌人，然后趁机逃命。人亦如此。女孩具有娇小柔弱的特性，加上有些女孩又从小被父母娇生惯养着长大，自然在力量与心态上都不如男孩强大。于是，不少女孩自认为是"弱女子"，时常流露出脆弱不堪的样子，不管遇到什么事情只想着逃避，寻求别人的帮助，或是习惯娇滴滴的样子，在男孩面前寻求疼爱。对于这些女孩来说，柔弱是她们的武器，还认为聪明的女孩就应该善于利用柔弱来取悦他人。

这种人总结出一套"女性优势讨好论"。在她们看来，这样的讨好是可以让自己获益的。撒个娇就有人疼，被大家宠着，示弱一下就能有人帮，轻松解决问题和麻烦，何乐而不为？

然而事实上，这种获利是短暂的，从长远来看，女孩若是太柔弱和娇气，并不招人喜欢，反而会被人视为娇情、做作。如今人们都主张个性独立，谁又愿意总是宠着、迁就另一个人？另一方面，女孩若是习惯用"柔弱"取悦他人，终有一天会成为真正的弱者，没有能力，什么也做不好，失去自信、勇敢、坚韧等特质，甚至失去自己的自尊与骄傲。

不做生活中的弱者

米亚是娇娇弱弱的女孩，从小被家里人宠着长大，非常善于撒娇，只要一撒娇就能让父母满足自己的所有要求。于是她认识到自己的"优势"，从小到大都把这个"优势"发挥得淋漓尽致。哪怕自己真的能做好一件事，也会故意撒娇装柔弱，让对方心疼自己，替自己承担责任，并且还振振有词："女孩就应该被宠着，不能让自己过得太辛苦！""女孩要有个女孩样，温柔似水，娇滴滴的，要不岂不是成了女汉子？这样的女孩谁喜欢？"

可事实上，米亚的爱情与工作并不如意。一开始，男友很是宠她，什么事情都愿意为她做。可在一起一年后，男友却多次提出分手，因为米亚太娇弱、太依赖，一心想成为被宠爱的"小公主"。每次男友提分手，米亚都会示弱、道歉，一个劲地撒娇和说对不起，结果只能更激怒男友。

在职场上，男同事一开始很照顾她，为她解决了很多难题和麻烦。可她一点都不努力，丝毫没有长进，只是靠扮柔弱来取悦领导，虽然得到了领导的偏爱，可这又有什么用呢？米亚的工作能力不行，不能独立胜任工作，不愿意加班，不愿意出差……这样下来，除了领导的偏爱，她几乎不被任何同事喜欢，偏爱她的领导离开后，米亚也就混不下去了。

还有一个女孩，原本过着锦衣玉食的生活，可突然的变故让她贫困潦倒，不得不做起杂活苦活，包括修路、剥冻白菜、洗马桶……

即便生活与之前如云泥之别，她却没有怨天尤人。她能和人从容地谈论自己的艰苦劳动，乐观地说："正是因为如此，我才能保持良好的身材！"

她吃了很多苦，可是并不会用自己的柔弱取悦他人，更不会祈求别人的可怜。即使生活再难，她依旧保持着自己的高傲与坚韧，靠自己的努力来养活自己，结果谁也不敢轻视与欺负她。

可见，一个真正优秀的女孩从来不以"弱女子"自居，虽然她可能外表柔弱，性格温柔，但是从来不会用"柔弱"来取悦他人。因为即使女孩在力量上比男孩柔弱，但是在智力、能力、内心上毫不逊色，甚至还可能更胜一等。只要女孩有足够的自信，有着自己的坚韧、高傲，便可以成为真正的强者。

 ## 给父母的建议

在养育女孩的过程中，父母要注意方式方法，尽力把她们培养成真正的强者，防止她们用柔弱去取悦他人。

1 不要把女孩当弱者，更不要把她们培养成弱者。父母把女孩培养成弱女子，会毁掉她们的整个人生。靠人不如靠自己，如果女孩不让自己强大，自己不努力，最终只能以悲剧收场。

2 教会女孩独立解决问题，不轻易示弱和逃避。遇到难题与危险，很多女孩总是习惯哭泣，然后向父母寻求安慰与帮助，这个时候，父母可以给予她们安慰，但必须教会她们独立承受委屈和不幸，而不是轻易用可怜博得同情。

3 父母要给女孩进行"挫折教育"，培养她们强大的心灵。没有一个女孩生来就懦弱，也没有一个女孩生来就坚强。女孩如何面对生活，收获怎样的性格与心态，完全取决于父母的教育与引导。在女孩成长的过程中，父母要适时适度给她们制造一些挫折，强大她们的内心，磨炼她们的意志。

杜绝让女孩
患上"自怜症"

很多人都看过《红楼梦》，对于楚楚可怜的林黛玉充满怜爱，认为她那哀叹自怜的情愫具有诗意的美。然而，不管从故事本身还是现实来说，沉溺于自怜的情绪中都是对于自我的一种折磨，且自怜对于生活是没有任何好处的。

当一个人不断地强调和暗示自己有多么可怜、多么悲惨的时候，极可能之后的人生就会变得很惨。简单来说，即一个人所说的话，可能成为他自己的生命预言。原因很简单，这个人所说的话就是为自己设立标签，随着这种标签的不断强化，在他心中仿佛有一种声音在不断告诉他：没错，你就是这样的人，你的人生注定了如何如何。他的自我信心系统随之得到强化，并且对于这个标签深信不疑。而这就是我们所说的"自我实现的预言"。

追根究底，这其实就是心理暗示的影响。积极的心理暗示，被说出来，被不断强调，变成真的，人就会得到积极的反馈。消极的心理暗示，被说出来，被一直强化，也会一步步被实现。所以，在教育女孩的过程中，父母一定要给予她们积极正面的引导，多赞扬和鼓励她们，少批评和打击她们。

同时，与男孩相比，女孩更多愁善感，更容易陷入顾影自怜的情绪之中。尤其当受了委屈，或是受到伤害时，更容易滋生这种情绪，这可能是渴望父母的安慰与关爱，可能是一时的情绪发泄。父母千万不能任之过分自怜，否则很容易让她们患上"自怜症"，把自己推入悲惨的境地。

不要让女孩患上"自怜症"

有这样一个女孩,她从小就聪明活泼,深受父母老师的喜欢,然而在她15岁时,遭遇了一场车祸,右腿受了很重的伤。经过长时间的治疗和休养后,女孩身体痊愈了,可右腿变得活动不便。自此之后,她的生活发生了很大转变——不能参加体育运动,很少能和同学们玩耍。这一切都让她无法接受,因此陷入忧愁、抱怨的情绪之中。

于是,女孩不再快乐,整日唉声叹气、自怜自艾:为什么自己如此不幸,命运对我这样残忍?为什么我会受伤,不能再与别人一样?在父母面前,她会悲伤地说:"我认为我不会再有快乐了。我的命真苦,为什么只有我如此不幸!"在同学面前,她会幽怨地说:"我到底该怎么办呢?谁能帮助我呢?我不能和你们一起玩耍……"在老师面前,她会凄苦地说:"我不如别人美丽,不如别人学习好,还有这样的缺陷……我的未来在哪里?"即使遇到陌生人,别人无意间看她一眼,她都会敏感地哀叹:"看吧!这些人都在用奇怪的眼光看我,没有人可怜我、同情我……"

一开始父母总是安慰她,希望她能战胜困难,健康地成长;老师和同学们也关心她,在生活和学习上都耐心帮助她。可是女孩看不到这些积极正面的事情,依旧沉浸在自己的世界里,认为自己是最不幸的,没有人体谅她,还时常嘲笑和欺负她!她自怜、自怨、自艾,不愿意面对现实,不愿意做出改变,最后同学们都不愿意接近她,她连一个朋友都没有,就连父母都对她无可奈何。

对一个小女孩来说,有一些自怜情绪是可以理解的。毕竟女孩内心比较脆弱,多愁善感,再加上受了重伤、遭遇不幸,就更容易情绪消沉了。然而，这个女孩一心沉浸在自己的不幸中，一心想着抱怨哭诉，渴望得到别人的同情与可怜，而不是做出改变，真正摆脱不幸，最后只能在不幸中挣扎。

让女孩不幸的与其说是意外和缺陷，不如说是她过度的自怜自艾。不断地强调自己可怜，让女孩产生一种严重的心理偏差，于是她在学习上、生活上不再积极努力，把所有的行为都认定为不幸、可怜，并且下意识地寻找自己"不幸""可怜"的证据，不断强化，不断"说服"自己和别人。周而复始，陷入恶性循环。

 ## 给父母的建议

　　想要女孩快乐与幸福，父母必须杜绝让她们患上"自怜症"，教会她们重新寻找快乐和信心，努力做出改变。同时，父母要关注女孩的情绪与心理，给予及时的帮助与引导，帮助她们走出自怜自艾。如何去做？其实这并不难。

① 父母必须看见和体谅女孩的情绪，不可错误地、粗暴地对待她们。男孩很少抱怨和自怜，就算有抱怨，被父母责骂一顿，也不会有什么大问题。可女孩就不同了，如果她们因为一件事而自怜，父母不仅不体谅安慰，反而责骂和指责，那么她们脆弱敏感的心就会更受伤，更陷入一种"我非常可怜""我无人疼"的情绪中，甚至产生更为严重的后果。

② 教会女孩把"为什么"转变为"如何"，并且给出有建设性的建议与引导。女孩在抱怨与自怜的时候，总是会说"为什么我得不到……""为什么我这么不幸/倒霉"。这些负面情绪的影响非常大，能控制女孩的心态，让女孩陷入抱怨之中，久而久之，就会导致不好的、消极的自我预言的实现。

　　但是，如果引导女孩把"为什么"转换为"如何"，比如让女孩思考"我如何做到……""如何改变自己的不幸……"，然后再给她们积极的鼓励，那么女孩很可能做出改变，从抱怨自怜中走出来。

3 告诉女孩：这个世界上没有任何人可以"事事都顺心"，只有坦然乐观地面对生活、面对自己，然后凭借努力去改变，才能摆脱一切的不如意与不幸。同时告诉女孩：你并不可怜，也别期盼着别人的可怜，否则只能让自己的内心生病，最终是自己折磨自己。

4 教会女孩增强自我的掌控。事实上，自怜自艾、愤怒、沮丧等情绪都是一种无力掌控自我的表现，是一种我很无力、无助的卑微感。只有教会女孩增强自我的掌控感，促使她们的内心变得更强大、更有自信，女孩的自怜才会逐渐消失，进而变得幸福而又愉悦。

可怕的"讨好型"人格

"讨好型"人格，有什么样的表现？

从表面上看，这样的女孩乐于助人，为别人着想，获得了同学朋友的认同和喜欢，有着良好的人际关系。可是，这样的女孩总在下意识地选择付出、牺牲自我，总是有求必应，从来不敢拒绝别人，就算产生矛盾和冲突，错不在自己，依旧主动低头去求和。

我们不愿意给这样的女孩贴标签，可实际上，她们就是活在别人的期待里，不停地追逐着别人对自己的认可。为了实现这一目的，她们愿意去做任何事，耗尽自己所有的心力。这一切都是因为：她们的自我价值感非常低。女孩也好，男孩也罢，所有的心理问题，首先都源于父母的教育与影响。

哪类父母容易造就"讨好型"人格的女孩？讨好的背后，本质是女孩的低自尊与低价值感。与男孩相比，女孩心思细腻，想的问题比较多且复杂，如果时常被父母质疑、否定、忽视，感受不到重视和爱，就容易感受不到自我价值，无法自控地讨好父母，下意识地隐藏自己的委屈、真实想法，只为取悦父母。

离开家庭，来到学校、社会，这种情况只会增加不会减少。为了交朋友，她们丢掉自我，想办法讨朋友开心，无论什么事都愿意去做。为了融入群体，她们取悦他人，是人人嘴里的大好人。如果无法得到期待中的效果，她们可能会更加卖力地讨好别人，态度和行为都过于热情或低微，甚至不在乎人格和自尊。

不做"讨好型"女孩

《被讨厌的松子的一生》里的松子就是"讨好型"人格的典型样本。

因为有一个生病的妹妹，松子不被父亲喜欢，甚至被忽视和讨厌。为了讨父亲开心，她想了很多办法，直到有一次发现自己的鬼脸能把爸爸逗笑，松子便好像抓住了救命稻草，于是拼命地做鬼脸，讨好父亲。

之后的人生，松子也一直在讨好他人。为了让男友看见自己、重视自己，她拼命地讨好男友，不惜忍受虐待、出卖自己，被弄得遍体鳞伤，却义无反顾。她异常渴望爱，渴望得到家人、朋友、男友的认同和喜欢，但一再被忽视、伤害，所以丢掉了自己，更加卖力地讨好他们，企图找到一份爱和认可。

讨好者看不到自我，越是极力寻找自我价值，结果越受伤，得不到爱与自我，没有人愿意珍视她们的"好"。即使她们真的拼了命地讨好每一个人，委屈自己、牺牲自己，也很难得到自己想要的。

思思也是一个有"讨好型"人格的女孩，她总是下意识地选择讨好和付出，永远把别人的需求放在第一位。

思思和几个女孩交好，组成一个关系不错的小团体，可仔细观察所有人就会发现，这所谓的关系不错只是她讨好得来的。

在一起玩的时候，思思总是照顾每一个人，贴心买好水、零食，帮好朋友拿随身物品。闲聊时，她很少谈意见，更多时候只是迎合别人。她从不与别人发生分歧，即使被批评、吐槽，也只是笑笑，说着"你说得对"，即使委屈也不声张，只是调整好自己的心态继续说笑。

她是小团体里的"老好人"，谁有麻烦都找她，她也从不拒绝。明明自己忙得很，但朋友一说要游玩，就马上痛快地答应。明明是别人做错了，但认错和求和的人总是她。朋友英语不好，找她代写作业，让她协助自己作弊，她都答应下来。结果，作弊被老师发现，朋友让她一个人承担责任，她也答应下来，独自承受批评和责罚。

事实上，思思在这段关系中的角色，从一开始就决定好了。因为一开始她们几个人是邻居，后来被分到一个班级，其他人成绩不错、志趣相投，而她则"不够资格加入团体"。意识到这一点，她想要和她们交朋友、玩在一起，就开始努力扮演着讨好的角色。

做出这样的选择，自然和父母的教育有关。思思的父母本身就具有"讨好型"人格，自我价值感非常低。一个家庭，在传递好的品质和家风的时候，同样也传递着负面的思想与行为。在日常教育中，他们不停地教育思思要讨好他人，要想办法满足他人的需求，以便赢得他人的好感，或是达到某种目的。当思思被小伙伴排斥，父母不教她如何沟通，反而教她说好话、用零食玩具来讨好小伙伴时，这颗讨好的种子就已经埋在思思的心中了，导致她也开始不自觉地讨好与取悦他人。

对于任何一个女孩来说，"讨好型"人格都是非常可怕的，不仅是对自我的最大伤害，也是对自我价值和生命的最大摧残。因为她的一切自我价值感都建立在他人身上，根本无法从心底接纳和认可自己，更无法爱自己。

实质上，这已经是一种病态心理。

 ## 给父母的建议

父母应该给予女孩一个好的原生家庭，对她们进行正确的家庭教育，避免让她们形成"讨好型"人格。

1 给予女孩重视、认可和关怀，少一些打击、否定和质疑。从小不好的生长环境，莫名其妙从父母身上获得的冷漠、质疑、否定，都容易给女孩造成严重的心理伤害，潜意识里认为自己没有价值，产生嫉妒、自卑心理。为了讨父母喜欢，女孩通常会看父母脸色、讨父母开心，进而发展成为"讨好型"人格。所以，父母需要学会爱女孩，给予她们应有的重视、认可和关怀，让她们真正感受到温暖与呵护。

2 改变女孩的讨好模式，看见她们内心最真实的需求。讨好型的女孩最缺乏的是看见真实的自己，而进入一种不自觉的讨好模式。这个时候，父母需要观察女孩，弄清楚她们为什么会讨好别人，正在以什么样的方式讨好别人。找到讨好背后的心理动机，然后教会女孩肯定自己，找到自信和自我价值，同时给予她们鼓励、认可，女孩的内心就会强大起来，改变自己的讨好模式。

3 父母要改变自己的行为模式，不给孩子错误的教育和行为示范。父母自我价值感高，做事有原则，自尊、自信，女孩自然也就不会习惯于讨好别人了。

不接纳自己，
女孩的出路在哪里

有些父母教会女孩很多东西，包括穿衣吃饭，学习考试，各种才艺、能力，然而却没有教会女孩一个极为重要的东西：自我接纳。

什么是自我接纳？简单来说就是建立健康的、足够的自信与自恋。这种自恋，不是我们所认为的水仙式的自恋，而是一个人对自我的认同、肯定与欣赏，是一种积极的正面的心理状态，是既能看到自己的优点和自我价值，也能接受和止视自己的不足和缺点。举个很简单的例子：一个女孩尽管长得有些不好看，不善言辞，但是她可以接受和正视自己的不足，充满乐观和自信地认为"我虽然长得不好看，但我聪明、有才艺，我为自己而骄傲"，那就是正确的自恋。

自我接纳，对于一个女孩来说至关重要。女孩只有懂得自我接纳，才能具有强大的内心，健康而出色地成长。女孩只有学会自我接纳，才能付出自己的努力，不断提升和完善自己，成为更为出色的自己。然而，大部分父母都更"擅长"打击性、负面式的教育，这也导致很多女孩不能自我接纳。更可怕的是，这些父母不仅没教会女孩自我接纳，反而连他们都无法接纳自己的孩子。

逃脱不能接纳自己的魔咒

一个女孩因为身材肥胖，内心非常自卑敏感，几乎不与任何人交往，也没有什么朋友。她把精神寄托在网络上，整天热衷于自拍，然后把自己PS成一个"漂亮、瘦瘦"的女孩，最后上传到网络上，等待着别人的夸奖与赞美。

女孩活在虚拟的网络世界里，自我安慰、自我陶醉，完全不能接纳真实的自己。事实上，这完全源于父母不正确的教育。女孩的父母不能接纳孩子，而且言语里总是充满着嫌弃与贬低。看到女孩整天自拍，母亲只是嫌弃地责骂："我不想看到你，你赶紧走！""你不要用电脑里的那张脸生活。""继续看着你，我会疯掉！"

不能接纳自己孩子的父母，又怎么能教出自我接纳的孩子呢？实际上，这个女孩五官很好看，若是能努力减肥，必定会成为真正的大美女。然而就是因为不能自我接纳，她情愿用"假脸"生活，似乎只有通过这种方式，她才能找到生活的一点意义。

更为可怕的是，一个不懂得自我接纳的人，心理是不健康的，内心往往有着强烈的无力感与自卑感。这种无力感往往会深深地盘踞在女孩的内心，促使她不喜欢自己，甚至讨厌自己。虽然她优秀漂亮，可往往会因为别人的一句话而自我怀疑；虽然她善解人意、聪明懂事，可往往认为自己一无是处，根本没魅力能招人喜欢。

这个时候，女孩会陷入迷茫和痛苦，想办法改变自己、迎合别人，甚至委屈自己，讨好别人。可之后呢？不管她变成什么样，她的内心依旧无法接纳自己，始终认为自己是个"不够好""不招人喜欢"的人。

晓菲名字很好听，可长得不算漂亮，脸上有一些雀斑，还戴着厚重的眼镜，自认为是被人讨厌的"丑小鸭"。因为自卑，她的青春期一片灰暗，不敢与同学们亲近，不敢在公众场合发言。她曾在日记里写道："从小到大，没有一个人喜欢我。"

后来，晓菲努力做出改变，让自己变得乐观和自信。平时她总是剪干净利落的短发，走路带风，与大部分同学打成一片。表面上，她表现得个性开朗，大大咧咧，可内心的自卑与敏感并未消失，仍认为自己很难有人喜欢。

上大学后，晓菲懂得了穿衣打扮，用化妆品遮盖了雀斑，戴起了隐形眼镜，也留起了长发。对于很多男生来说，晓菲是学习好、长得好的"女神"，纷纷开始追求她。然而，她拒绝了条件好的男生，却选择了一个普通的男生。她说："是的，我依旧自卑，认为自己配不上那么优秀的人。在我的心中，我依旧是那个长着雀斑、戴着眼镜的'丑小鸭'！"

看到了吧！虽然晓菲真的很想改变自己，可内心的无力感却始终阻止着她，让她始终逃不脱"我改变不了自己""我真的很糟糕"的魔咒。

 ## 给父母的建议

父母必须知道自我接纳对于女孩的重要性，改变自己错误的教育方式，教女孩学会自我接纳。
那么，父母应该如何去教育和引导女孩呢？

1 父母必须接纳女孩，给予女孩真正的肯定与欣赏。一个不被父母肯定和欣赏的女孩，内心肯定觉得自己不够好，所以才不值得被喜欢和肯定，自然也就无法形成健康且正确的自恋了。因此，在女孩成长的过程中，父母应该秉持积极正向的教育，让女孩知道自己有人爱、自己很不错。

2 帮助女孩找到无法自我接纳的原因，然后引导她们打破这种消极的心理定式。当然，想要做到这一点，前提是父母必须与女孩达成心与心的沟通，让她们能够真正坦诚、真实地面对自己的不足或缺陷，然后再给予她们关爱与鼓励。当女孩开始面对自己，坦诚说出自己的感受时，距离接纳自己也就不再遥远了。

3 教会女孩爱自己，不讨厌自己。父母必须给予女孩足够的爱，并且从小就教会她们爱自己，一步步地建立女孩所需要的自信与自恋，那么她们的内心状态就会发生改变，不再认为自己不够好，不再想要逃避，反而会努力做得更好。

别让女孩
只听得到别人的声音

很多女孩容易活在自己的世界里，很难听到别人的声音、顾及别人的感受，这样的人极度自我，自信却又固执。还有很多女孩走向了另一个极端，太在乎别人的声音，以至于失去自己的底线，这样的人极度没有自我，做什么事情前都考虑别人怎么看，反复揣度自己是否能让别人满意。

这或多或少与女孩身上的特质有关，因为她们身上有一个与男孩大大不同的特质：女孩更容易听到内心的感觉，并且容易被这种感觉推着走，甚至被控制。男孩虽然也能听到内心的感觉，却更理性一些，能够让自己有足够的思考，进而不被感觉控制。

因此，面对父母否定式的教育，女孩很容易丧失自信，向着父母所说的那个方向发展。父母喜欢拿女孩与别人比较，一旦比不过就抱怨"你看看人家孩子多好，再看看你"，"你真是差远了，一点都不如人家优秀"，久而久之，女孩就会形成一种消极的感觉：对，我就是很差劲！我不如别人！我不行！自此自卑的种子在心里生根发芽，然后被这种感觉推着走。

不要因为别人的否定而否定自己

所有女孩都渴望得到别人的赞赏，在这种矛盾纠结的心理下，她们往往变得更在意别人的看法。一旦别人提出不同意见，她们便立即反思自己，按照别人的观点来改变自己——哪怕自己根本就没错，或是没什么不妥的地方；一旦被质疑，或是与人发生争执，她们便容易放弃坚持和底线，一味地妥协与逃避。这看似是一种选择，让她们和别人都感到满意，实际上却是女孩自我的迷失，是一种极度不自信的自我逃避。

曾经看过这样一部电视剧，女主人公是一个内心极其自卑的女孩，自卑到迷失了自我，习惯以别人的意见为准，不敢守护自己的底线。这一切的根源在于她糟糕的原生家庭。

女主人公从小被单亲妈妈养大，母亲时常批评和否定她，在母亲看来，女主人公似乎没有一点让她满意的地方。于是不管面对母亲、丈夫还是婆婆，女主人公都习惯了被动听从和妥协。

结婚前，女主人公曾明确表示自己即便结了婚也会坚持工作，结果丈夫却说"有了小孩也要继续工作吗？女人还是在家带孩子比较好"。因为这句话，她辞去了工作。

每次和丈夫发生争执，只要丈夫坚持，她就会妥协。孩子进入哭闹期，她用自己的方式教育孩子——假装把孩子丢下，然后在一旁偷偷观察，可丈夫认为她是在虐待孩子，于是她再次妥协，改变了自己的教育方式。

她既要带孩子，又要做家务，搞得身心疲惫，希望丈夫能伸手帮帮忙。可丈夫每次都借口工作忙不愿意行动，于是她便不再争取和坚持。

婆婆对她做的家务指手画脚，给她准备了菜单，她认为这是对自己能力的否定，想要委婉地拒绝，然而，最后她依旧妥协了，一个人苦苦地支撑着。

她有幸被选为陪审员，母亲的第一句话却是："你当得了陪审员吗？"面对母亲的否定，她首先想的是妥协，认为自己真的不够格。她陷入了矛盾之中，一方面想要证明自己，渴望得到周围人的认同与欣赏，一方面被别人推着走，不断地妥协，让别人对自己满意，最后生活里似乎只听得见别人的声音，失去了自我的主张与底线，把所有的不甘与痛苦都自己咽下。幸好这一次她坚持了下来，恰恰因为如此，她看清了以前的自己——一个一味做出妥协和牺牲，迷失自我的女性。

她真正意识到：自己始终生活在母亲与丈夫的否定与打压下，尤其是丈夫，好像故意在贬低自己，用这种手段来控制自己。于是她开始思考，思考如何才能让自己摆脱这种生活方式，不再因为别人的打击而否定自我、丢掉底线。她从家里搬了出来，开始与母亲讨论家庭教育的偏差，开始不再只听丈夫的话……

最后她又回归家庭，但是一切都发生了转变，她不再是自卑又敏感的人，而是找到了自己的生活方式，并且开始坚持底线。此后，她内心的痛苦与纠结慢慢地消退了，还迎来了幸福与自由。

孩子的任何问题，都是父母的问题。现实生活中，很多父母总在抱怨女孩不够优秀，对她们的"差劲"指指点点，却没有关注她们究竟为什么变成这样。这或许就是大多数父母在教育方向上存在的偏差吧。父母应该成为女孩成长道路上的领航者，而不是绊脚石。

 ## 给父母的建议

针对女孩失去自我、不能坚持自己的底线的情况，父母应该做到以下几点：

1 采取正向的肯定的教育，不要让女孩生活在打击和否定之下。现在流行一个词语，叫作"PUA"，泛指那些有技巧性的诱骗洗脑。恋爱中，男孩会对女孩进行PUA；职场里，上司会对下属进行PUA；而在家庭教育中，父母同样会对孩子进行PUA。父母否定式的PUA对于女孩的打击，甚至比暴力更可怕，他们只看到了自己的牺牲与付出，只看到了女孩的"不优秀""没能力"，却忽视了她们的痛苦与挣扎。

千万不要做否定式PUA的父母，否则女孩只会成长为这样：极度自卑，没有个性，失去自我；习惯以他人为中心，宁愿委屈自己，也要讨好父母和其他人；陷入极度的矛盾中，渴望得到满足和认可，内心却充满恐惧，做什么都容易被别人左右，甚至生活在别人的思想里。

2 尽量不要对女孩的人生指手画脚。很多父母有着较强的控制欲，想要女孩按照自己的想法去做事，按照自己的规划去生活。或许他们是为了孩子好，然而一句"为了孩子好"并不能成为父母左右孩子人生的理由，毕竟孩子是独立的个体，有自己的思想、主张、兴趣，更重要的是，她们想过自己的人生。

这样的"好"，不是真正的爱，而是对女孩的束缚与伤害。父母应该给予女孩自由，可以给她们指点和建议，却不能强硬地对她们指指点点。

别培养出
弱不禁风的花朵

现如今，很多父母更愿意富养女孩，想尽一切办法给予女孩最优渥的生活条件、最高限度的宠爱，不舍得让她们吃苦，更不愿意让她们遭遇挫折。可这样的养育方式，对于女孩来说真的是好事吗？事实上，这或许会成为女孩幸福的来源，或许也会成为女孩不幸的根源。

一位儿童心理学专家曾说，有十分幸福童年的人，常有不幸的成年。这种说法看似偏激，却非常有道理，很多"慈母"养成"败儿"的事例已经成了这句话的佐证。父母过于溺爱和纵容，把孩子保护得严严实实，结果使孩子成为脆弱的"水晶娃娃"。父母担心孩子累着、伤着，为孩子包办一切，什么都为孩子做好了，结果孩子完全没有做事能力，还好逸恶劳，缺乏面对困难的勇气，一旦遭遇挫折，就会崩溃。

人们把这种情况称作"蛋壳效应"，就是说时常生活在溺爱、过度保护中的孩子就像蛋壳一样，一碰就会破碎。在日常生活中，孩子经不起任何风吹雨打，经不起一丁点的磨炼，只要一遇到困难或是失败，那敏感脆弱的小心脏就会破碎。

做一个让困难打不垮的女孩

新闻中类似的事件层出不穷：10岁女孩因带糖果到学校，被老师批评后，轻生了；初中女生学习成绩优异，却因为一次考试成绩排名落后，想不开寻短见……曾经有专门的研究机构通过研究调查，给出一系列数据：现在的孩子有32.5%害怕困难，34.2%胆小屈从，20.4%生活自理能力非常差，19.5%经不起挫折。

看到这一桩桩悲剧，一个个数据，父母有何感想呢？是的，父母对于女孩的爱是无私且伟大的，然而很多父母却没有意识到，这份爱缺少了原则与尺度，会促使它失去原本的意义。正确的爱施加在女孩身上，不仅会让她们感到幸福愉快，还能够成为女孩日后成长的助推器。相反，过度的爱、偏执的爱施加在女孩身上，或许可以给她们的童年带来幸福，但终将影响女孩的人生格局。

在教养女孩这件事情上，父母应该付出爱，但千万不可溺爱。从女孩出生的那天起，父母就应该给她们爱与自由，关怀与引导，最重要的是不给女孩"挖坑"，不把她们培养成弱不禁风的花朵。

柔而不弱，是女孩的特性。父母千万不要认为女孩是弱者，不能吃苦，不能受挫折。今天父母把所有的苦都替她们吃掉，把所有的挫折都替她们挡下，那么往后的人生里，她们就只剩下退缩、恐惧了，也就无法迎接生命的美好。可若是今天父母教会她们坚强，让她们在困难和挫折中成长，父母就会发现：原来她们娇小的身体中潜藏着巨大的能量，可以让自己变得更强大、更出色。

有这样一个女孩，家庭环境比较富裕，从小父母就给予她爱与关怀，让她过着幸福快乐的生活，但对她却从不溺爱。她体质弱，时常生病，父母却从不把她保护得密不透风，也不限制她的活动，只是引导她不做那些剧烈的运动。她是自由的，可以到学校学习，可以与小伙伴玩耍，还可以学习自己喜爱的芭蕾舞。

然而，不幸的事情降临了，6岁时，她病情加重，身体越来越虚弱，不得不放弃上学，大多数时间躺在床上休养。这个时候，父母给予女孩最大的支持和鼓励，教会她乐观地面对疾病与痛苦，教会她在书中寻找心灵的寄托。

女孩虽然不能上学，但每天都会尽情地阅读。读书给她带来了快乐，也让她对文学产生了极大的兴趣，她开始尝试写作。女孩是有天赋的，再加上后天的努力，她终于成为一名出色的作家。她的小说赢得了广大读者的喜欢，也在文学界引起不错的反响，后来还被提名诺贝尔文学奖。

可是，不幸再次向她袭来，她几次被提名诺贝尔文学奖，又几次与其失之交臂。这样的打击太大了，她悲观地认为自己没有那个实力与幸运，甚至一度放弃写作。但内心强大的她最终战胜了自己，及时消除不良情绪，不断激励自己坚持下去。功夫不负有心人，她终于迎来了成功，于1991年获得诺贝尔文学奖。她就是著名的南非女作家——纳丁·戈迪默。

与其他女孩相比，戈迪默的人生满是坎坷和磨难，病痛、辍学、失败，无一不在打击她。然而她没有被打败，她凭借着乐观与坚强，战胜了一次又一次挫折，成就了自己。而她之所以内心强大，则来源于父母的爱与教养。试想，若是看到她疾病缠身，父母便为她营造一个相对安全的环境，对她小心翼翼、无微不至，结果又将怎样？相信，这个世界将多一个弱不禁风的"娇公主"，少一个坚强而又卓越的小说家吧。

给父母的建议

未曾跌倒的人恐怕也未曾成功过，未曾面对挫折的人恐怕也很难战胜挫折。对于女孩来说，吃一点苦、受一点挫折并不完全是坏事，说不定在这个过程中可以让她们捡到宝物。因此，在养育女孩的过程中，父母千万不要过于娇养和溺爱，培养出一朵朵娇弱而敏感的花朵来。而是应该从以下几个方面来教养女孩，培养她们强大的内心。

1 不对女孩过度溺爱与保护，培养女孩的独立性与抗挫折性。对于女孩来说，挫折与困难是一种成长，是磨炼与提升能力的机会。父母不给女孩锻炼的机会，实际上只会让她们更柔弱，给她们带来更深的伤害。

2 当女孩遇到困难与挫折，越来越脆弱时，父母应该引导她们更好地认识生活，培养她们坚强乐观、积极向上的健康心态，帮助她们建立起直面挫折的勇气和能力。拥有这样的心态与能力，那么不管她们之后所经历的是小困难还是大挫折，都会有力量和勇气去战胜它们。

3 父母需要对女孩进行挫折教育，但不能过度人为地设置挫折与障碍。很多父母在养育女孩的时候走向了另一个极端，成为对女孩异常严苛的"虎妈虎爸"，刻意让孩子吃苦、受挫折，甚至超出了孩子的忍受范围，觉得这样可以磨炼孩子的意志，增强孩子的抗挫能力。

事实上，如此极端的教育，不仅无法让孩子更好地成长，反而容易造成习得性无助心理。就是说，孩子反复遭受打击与折磨，不仅不会变得坚强，反而会对自己失去信心，变得更加无助与脆弱。

所以，父母需要多培养孩子对挫折的应变能力，让孩子拥有良好的心态，但不应该把家庭变为战场，让女孩早早就失去快乐与温暖。

教会女孩坦然接受失败

不管男孩还是女孩，内心都潜藏着竞争的因子。我们注意到，大多数女孩都想赢，成功了自不必说，会心情愉快、自信满满，若是失败了，往往就心情低落，表现出沮丧、逃避心理，甚至失去再一次尝试的勇气。

这是一种输不起的心理，也是女孩内心脆弱、缺乏承受力的表现。从儿童心理学来讲，这可能是因为女孩的心智发育尚不成熟，对于失败还没有形成正确的认识。但是，从家庭教育来说，这可能源于父母错误的教育理念：父母给予女孩过高的期望，并且要求甚严，从来不允许她们失败。在这样的压力下，女孩一方面强迫自己做得更好，一方面恐惧失败，一旦真的失败便无法接受。

此外，父母一直把焦点集中在结果上，不管是学习还是做事，只关注女孩是否成功，忽视其努力的过程，以至于给她们一种"只有成功，我才是优秀的""只有成功，父母才爱我"的认识，也会让女孩越发在乎结果的好坏，一旦有一次结果不尽如人意，就忽视所有的努力，一旦有一次失败，就彻底对自己失去信心。

把失败当作前进的动力

一个十几岁的女孩，因为在钢琴比赛中弹错一个音符而错失奖项，竟不再愿意参加比赛，甚至想彻底放弃钢琴。另一个五年级女孩在三好学生评比中输了，自认为丢脸无比，瞬间情绪崩溃。

然而还有这样一个女孩，她曾经失败十八次，一次次失去工作，无法实现自己的目标。但是，这个女孩没有消沉、退缩，而是乐观地面对失败，不断总结失败经验，不断提升自己的能力。后来，她成功了，做成了自己想做的事，也成为自己想成为的人。她对别人说："我曾经被人辞退过十八次，原本我是会被这些厄运吓退、做不成我想做的事情的，但是，正好相反，我却将它们当成了督促我前进的鞭策力。"

失败，对于任何人来说都不可避免。如果一个女孩不能正确地面对失败，对于失败或挫折没有承受力和容忍力，那么将很难提升自己的信心和能力，自然也无法获得最后的成功。换一种说法，想要自己的女孩做成一件事，或是取得某些成绩，父母就需要告诉她们失败和痛苦是构成成功和喜悦最基本的元素，教会她们学会接受失败、感受痛苦，然后引导和激励她们不断尝试和努力，直到成功的到来。在这个过程中，每一步都至关重要，不能回避。

在这方面，琦琦的爸爸做得很好。

在琦琦很小的时候，琦琦的爸爸就有目的地让她学会面对失败，比如体验搭积木、攀岩等游戏的失败，尝到掰手腕、下跳棋等比赛的失利。很多时候，琦琦总是沮丧、发脾气，或是不愿意再尝试，这时琪琪爸爸会给予她适当的安慰和鼓励，告诉她胜败乃兵家常事，这次失败不代表每次都会失败，只要尽力参与总会有办法取得胜利。慢慢地，琦琦一点点长大，有了对失败的承受力，也能在失败和挫折中保持坚强乐观。

同时，为了培养女儿乐观面对失败的能力，琦琦爸爸尽量避免给予她消极和否定的评价。若是琦琦遇到困难和挫折，爸爸会引导她在挫折和失败中汲取力量，并且给予她鼓励和赞扬。因为他知道，这个时候自己若是放大孩子的过错，或是否定她的能力，那么孩子就会产生认识的偏差，把失败归因于自己能力不行，渐渐地形成消极悲观的信念，无法再拥有乐观的心境，更无法承受一点点挫折。

 ## 给父母的建议

作为父母，教会女孩坦然接受失败，并且在她们的内心播下"积极乐观"的种子是必须做的。当然，这并不容易，也需要讲究方式方法。

1 父母没必要刻意为女孩排除困难，更不能避免让她们遭遇失败。越是没经历过失败的女孩，失败的打击越具有毁灭性。所以，教养女孩的过程中，千万不能对女孩过于保护，不能直接替她们解决问题，而是应该把面对失利的空间和机会留给她们自己。

2 告诉女孩失败在所难免，帮助她们树立"失败不可怕"的意识。同样的事情，心态不同，想法不同，结果自然大不相同。父母要及时引导女孩，告诉她们失败并不可怕，有了失败的经历，懂得从失败中汲取力量，才能获得最后的成功。

3 为女孩树立好的榜样，让女孩受到积极的感染。父母对人对物对事的态度与行为，对女孩有很大的影响。因此，父母一定要以身作则，遇到失败和困境时要保持乐观积极的心态，展现出自己的勇敢与坚强。同时，父母还可以多谈谈自己遭遇失败的故事，讲讲自己是如何去做的。这样的言传身教，比讲道理更有效果！

第五章

母女关系，
世界上最微妙的亲密关系

在所有的亲密关系中，母女关系是最为复杂且微妙的。因为这其中不仅涉及亲子关系，还有女性的身份认同意识，女性之间的共生、竞争与嫉妒心理，以及关系模式的代际传递等。

但不管怎样，母亲在这段关系中处于主导地位，也决定了这段关系的发展走向。所以想要建立和谐美好的母女关系，母亲就应该做出改变，正视自己与女儿的关系，采取合理的教养方式。

1

母女间的典型问题

母女间的关系，是世界上最为微妙的亲密关系。

母爱是这个世界上最伟大的爱，这一点毋庸置疑，但这并不意味着母爱是完美无缺的。事实上，大多数母爱，都有一些不易察觉的"小刺"——过分的期望、较强的控制欲、女性的自恋情结……

与男孩相比，女孩对于他人情绪变化的体察会更加敏感，因而很多男孩根本感受不到的"刺"，却被女孩敏感地捕捉到了。所以她们会对母亲的爱产生某种程度的质疑或恐惧。

与此同时，女孩也在极力地寻求来自母亲的认同。因为她们和母亲同属女性，所以在她们树立性别意识的过程中，来自母亲的认同，会让她们对于自己的身份认知更加明确、更加坚定。

但是很多母亲却往往不愿意积极回应女儿这方面的诉求，站在母亲的角度，女儿是自己的第二次生命，是自己生命的"投影"。母亲会把自己对于理想人生的诉求投射到女儿身上，甚至会把对自身的一些不切实际的期望，也强加给女儿。因此，母亲对于女儿的要求往往"虚高"，一旦女儿未能满足她们的期望，母亲便会滋生出恨铁不成钢、失望焦躁等负面情绪，这种情绪一方面会被敏感的女儿捕捉到，另一方面也会让母亲不愿意轻易肯定自己的女儿。这会让母女关系变得复杂、紧张。

母女不要相爱相杀

在微妙的母女关系中，或许没有大的对抗，但是小冲突和小隔阂层出不穷、屡见不鲜。正因如此，在许多讲述家庭关系的电视、电影作品中，都曾反映了这一普遍存在的现象。

例如，在《听见她说》中，女主人公小雨与母亲的关系一方面非常亲密、不可割舍，而另一方面，小雨在成长的过程中，也积累了许多对母亲的不满和愤懑。最后她终于爆发，控诉起妈妈对她的"恶行"：

我知道你会经常偷看我的日记；

我从小到大只要做错一点事情，你就会对我破口大骂；

我在学校里唯一的朋友，也是你的间谍；

你希望我每一分每一秒每一句话每一个动作，都是你想象中的样子；

你知道我为什么这么努力吗？我这么努力，就是为了离开你……

无独有偶，在之前的热播电视剧《小欢喜》中，宋倩与女儿英子的冲突也是剧中非常重要的一个情节线。

在这部电视剧中，我们可以发现一个事实：如今的家庭关系与我们所认知的传统家庭关系有很大不同，在传统的家庭关系中，父亲往往比较严厉，而母亲则多以慈爱的形象出现。但是在如今的家庭中，角色往往反转了，母亲更多的会以非常严厉的形象出现在孩子面前，父亲反倒开始唱起了红脸。

宋倩对于英子的管教非常严格，虽然英子已经是一个品学兼优的好学生了，但她还不满足，希望英子可以百尺竿头，更进一步。因此，英子便逃学和父亲玩耍。没想到，父女俩的这一行为却被母亲识破，因而母女之间爆发了比较大的冲突。

一开始，英子向妈妈认错，试图以此来换取妈妈的原谅。但是宋倩却一直强调：你太让我失望了，我做的一切都是为了你，你却不能理解我的良苦用心。

在这样的情感胁迫之下，英子终于爆发了，她说她最想和爸爸在一起，因为爸爸不会逼迫自己做不想做的事情。母女二人的冲突和隔阂因此加剧。

事实上，影视作品虽然是虚构的，但也是当今现实中母女关系的投影。现实中有些母亲在教育女孩时，不再扮演慈母的角色，而是变成了"严母"。这就导致了一个现象的出现——一方面，母亲作为女孩生活中最重要的监护人，为女孩含辛茹苦地付出；另一方面，母亲对于女孩的要求过高，女孩如果难以满足的话，母亲就会产生"为谁辛苦为谁忙"的愤懑情绪，这种情绪又最终会被女孩敏感地捕捉到。

对于女孩而言，她们当然知道母亲为自己付出了很多，但是她们又无法

完全按照母亲的要求和期望去做，当"感恩"和"叛逆"两种心情交织在一起的时候，会让女孩子陷入矛盾的情感中。"负罪感"和"复仇欲"交织在一起，对于孩子弱小的心灵而言，会产生比较大的冲击。最终，来自双方内心的矛盾和冲击，都会爆发出来，形成难以调和的母女冲突。

给父母的建议

解决母女冲突的基本办法，就是母亲要做出改变，在教育女孩的时候，一定要注意以下三个要点：

1 就事论事，避免情感绑架。例如，当孩子成绩下降时，母亲只谈成绩下降的问题，不要说"我辛辛苦苦不容易""为你操碎了心"之类的话。这些话传到男孩耳朵里，可能没什么关系，但是女孩听了这样的话，内心可能会产生严重的负罪感。母亲不要以为负罪感可以让女孩"觉醒"，事实上，在大多数情况下，负罪感会压垮女孩，让女孩失去对自身的管理能力，换言之就是让女孩进一步"堕落"。相信这绝非母亲希望看到的场面。

2 尽量回归正常的家庭角色，也就是我们说的父严母慈。在一个家庭中，总要有人唱红脸，有人唱白脸，可目前很多家庭的问题是，母亲一个人包揽了红脸白脸两个角色，父亲想要唱，就只好唱花脸，这显然是不科学的"角色分配"。夫妻一定要商量好，把红脸白脸角色分配好。另外可以发现，如果父亲唱红脸的话，女孩的叛逆心理没那么严重，也更容易接受。如此，短期效果可能没那么明显，从长期来看是很有好处的。

3 母亲一定要明白，你是你，女儿是女儿，你们所处的时代不同、处境不同，她没必要走你曾走过的路，更没有义务完成你的未竟之志。母女之间，是两个独立人格之间的对话，而不是"不同时代的你"之间的自说自话。明白了这一点之后，很多母女之间的隔阂就不存在了，冲突自然迎刃而解。

2

着力避免母亲
与女儿的"竞争"

母亲与女儿，一直有着竞争关系。与母子、父女、父子关系相比，因为同为女性，母女关系更为亲密，彼此有着共鸣与理解，可又或隐或现地存在着排斥与竞争。

尤其是，有些女孩在四五岁时会产生恋父情结，认为爸爸是最爱自己的，因此会更加排斥自己的母亲，进而无法认同母亲，引发母女间强烈的竞争愿望。举个很简单的例子，有些小女孩平时与妈妈关系很好，可一旦有爸爸在场，便喜欢黏着爸爸，看到爸爸妈妈拥抱、亲吻，便哭闹着把两人推开。

客观上，母女之间存在一定的竞争关系

《乱世佳人》里的斯嘉丽从小是姐妹中长得最漂亮的，最受父亲的宠爱，自然也对母亲有着排斥与嫉妒，有些事情不想让母亲知道，把母亲排斥在父女的联盟之外。斯嘉丽还把姐妹看作竞争对象，排挤两个妹妹，想要独享父亲的爱。同时，这种排斥与嫉妒在母亲这一方面也有所体现，很多年轻的母亲，难以接受女儿出生后那种"失宠"的感觉，看到丈夫疼爱女儿超过自己，便有些吃醋。

当然，母女间的竞争，不仅是因为父亲，也是因为女性之间更容易形成一种投射和认同。母亲在养育子女的过程中，更容易把自己的感受、情绪或身份投射在女儿身上，同时把女儿当作自己的一部分，女儿喜欢的就是自己喜欢的。对于女儿来说，母亲是最爱自己的，母女关系是亲密的，于是更容易模仿和继承母亲的一些特质，想要成为妈妈那样的人，同时还会对妈妈产生羡慕、嫉妒的情绪。

从某种程度上来说，母女之间的这种竞争关系是正常的，随着女儿的长大，母亲的放手，关系中的竞争因素会逐渐减少，发展成为纯粹、和谐的感情。然而，若是家庭出现一些问题，比如父母关系不和或是离婚，母亲的教育方法存在偏差或是母爱缺失，这就往往会导致女儿缺少爱与安全感，促使这种竞争关系持续和恶化，形成一种"恶性"竞争。

有一位习惯以自我为中心的母亲，无法与女儿亲近，只是把她看作一个独立的个体。这导致她与女儿更容易产生竞争关系，竞争家人的爱，竞争某些家庭资源，甚至会厌恶自己的女儿。

随着女儿的长大，越来越表现出女性的特质，她不会为女儿的漂亮欣

慰，反而会感到嫉妒，产生危机感，内心深处并不希望女儿更出色与抢眼。她会抢女儿喜欢的东西，阻止女儿打扮自己，会时常批评和贬低女儿，几乎很少给予女儿赞赏。

这位母亲很爱美，穿衣打扮很时尚，喜欢的衣服、化妆品都与女儿风格相同。女儿是学服装设计的，会将自己设计好的样衣兴致勃勃地拿给母亲看，可母亲总是泼凉水，说设计得太丑，没有任何美感可言。平时女儿做事、买东西，每每兴致勃勃地与母亲分享自己的喜悦时，母亲的兴致都不会很高，不是看不上就是冷嘲热讽。

后来，女儿谈了男朋友，可自从第一次带男友回家，她就感觉到不对劲——母亲对男友的态度很好，笑容满面，兴致勃勃地与他交谈说笑；可面对她却有些冷淡，总是爱答不理，还说她配不上男友……对此，女儿很无助与痛苦，她渴望母爱却得不到，最后只能慢慢地疏远母亲。

显然，这位母亲对女儿存在着羡慕、嫉妒的心理，这就是她对女儿态度消极、明里暗里竞争的原因。我们说母爱是伟大的、无私的，这的确是事实。然而，母亲与女儿之间也存在着竞争，在正常情况下，这种竞争关系会向着良性方向发展，使得彼此意识到母女之间的爱，并且体会到母女良性互动带来的亲子快乐、家庭温暖。一旦这种竞争得不到良性发展，导致母女之间边界出现混淆，那么很可能成为建立健康的母女关系的一大阻碍。

 ## 给父母的建议

简单来说，良性的竞争会演变为母女的彼此认同，关系的和谐与美好，而不良的竞争往往会让母女最终敌对，关系疏远冷漠。所以，母亲需要正确看待与女儿的关系，着力避免与女儿的竞争，促使这种竞争向着健康、良性的方向发展。

1 母女之间的竞争是否良性取决于母亲，母亲要正确对待女孩的恋父情结，尊重女孩的成长，给她们一个健康温暖的家。女儿感受到母亲的爱，自然更愿意信任和亲近母亲，进而消除排斥、嫉妒与竞争的意识。

2 母亲要有正确的心态，不把女儿看作自己的一部分，不把女儿拴在自己身边，同时要积极引导女儿独立、自主地成长。女儿得到成长，母亲愿意放手，那么母女之间的感情就会变得和谐与健康。

3 母亲需要正视母女之间的这种竞争，不去逃避，积极应对。任何问题只要敢于正视，那么解决就变得容易了。因为能正视，才能自省，能自省，才能获得良好的心态、找到解决问题的方法。

3

母亲与女儿的
共生与成长

什么是共生？就是两种不同的生物生活在一起，彼此相依，共同生存。在共生关系中，谁也离不开谁，彼此没有心理边界，甚至到了如胶似漆的程度。事实上，父母与子女之间就存在着一种共生关系。

温尼科特说，并不存在所谓单独的婴儿，存在的只有母婴关系。母亲与子女，从孩子出生那一刻起就建立了一种共生关系。婴儿刚出生，无法独自存活，必须依赖母亲而活着，而婴儿的需要则是母亲存在的价值。这段时间，母亲与孩子在心理上也是共生的，孩子对母亲很依赖，母亲把孩子当作自己生命中最重要的一部分。

但是这样的关系不会持续很久，孩子逐渐长大，变成独立的个体，共生关系便不复存在，转变为普通的亲子关系。可若是母亲不愿意放手，企图与孩子捆绑在一起，那么孩子的自我将无法成长，随之而来的是自我的迷失，无法活出自己，进而导致母亲与孩子始终绞杀在一起，都很难得到快乐。与此同时，母亲与女孩之间，更容易形成心理上的共生。由于性别相同，母亲更容易对女儿进行各种投射，对于女儿的情感浓度更大于儿子。

共生关系，该放手时就放手

通常来说，共生关系的根源在于母亲，因为女孩毕竟还小，更容易听从母亲的话，受母亲言行的影响与主导。也就是说，一旦母亲没有界限感，控制欲强，或是自私功利，或是渴望与女儿共生、不愿意分离，那么女孩往往只能被动接受。或者说得直接一些，在共生关系中，女儿是最大的受害者，那些母亲个性上的缺陷、教育上的偏差都将使得彼此之间的关系呈现一种病态，给女孩的身心、人生带来巨大的伤害。与此同时，女孩越是渴望母爱，渴望母亲的关注与认同，内心所受的伤就越重，甚至无法活出自己的人生。

在电影《黑天鹅》中，妮娜与母亲就是这种共生关系。

妮娜的母亲原本是一个出色的芭蕾舞演员，曾经在舞台上光彩夺目，因为意外而生下了妮娜，断送了自己的舞蹈生涯。但母亲不甘心，她把自己的舞蹈梦想寄托在妮娜身上，为此对妮娜照顾得无微不至，可也对她有强烈的控制欲、过高的期望值。母亲把妮娜塑造成一个"乖女孩"，让她住粉红色的房间，不让她与同龄人社交，要求她不断地练习舞蹈，每天只在排练厅和家之间穿梭。即使妮娜已经长大，母亲依旧如此约束与控制她，让她的生活中除了舞蹈之外，没有任何东西。

于是，妮娜的身体虽然已经长大，内心却没有长大。她没有学会独立、社交，没有自我意识，习惯依赖母亲、听从母亲的教导。她被母亲的思想支配着，为了实现母亲的理想，很努力地跳舞，很努力地当上《天鹅湖》的主角。结果，她的压力越来越大，精神越来越不好，出现了人格分裂，就像是舞蹈中的白黑天鹅一样：一个乖巧，却拘谨、压抑；一个自我，却张扬、叛逆。最后，经过拼命挣扎，她才从这种共生关系中挣脱出来。

妮娜的母亲爱她吗？是的，很爱很爱。可是养育女孩，并不是有爱就可以的。不健康的爱，充斥着对妮娜的控制与绑架，慢慢地吞噬了她的心灵与人生。与妮娜的母亲相似的人并不少，每个母亲的初衷不同、行为不一，可造成的结果却同样令人唏嘘。

一个年轻的女人与丈夫感情不和，生活艰难，为了摆脱悲苦的命运，她决定自杀，同时也要求女儿跟她一起自杀。她是爱女儿的，但担心自己死后，女儿无人照顾，所以才决定带着她离开这个世界。母女俩虽然都被救了过来，但自此女儿变得异常听话懂事，只要能让母亲开心，什么事情都愿意做。

只有女孩知道，她内心充满恐惧，担心母亲再一次让自己跟她一起自杀。对于女孩来说，她意识到自己与母亲是共生共死的，所以她从来不拒绝母亲，哪怕母亲的要求再不合理、再过分。自此，母亲习惯管教和控制女孩，就算女孩长大了，也像管教6岁小女孩一样管教她，说打就打，说骂就骂。母亲强迫女儿与男友分手，坚决不允许女儿做她不同意的事情。

这个女孩也曾经尝试反抗，但是又不忍心与母亲决裂，只能选择隐忍。隐忍的代价是，母亲很开心，而女孩却失去自我，失去快乐与自由。同时，女孩对母亲充满了不满、愤怒与怨恨，不断与母亲发生冲突。冲突发生时，她会爆发，会指责与抱怨，可事后又感到愧疚和后悔，认为自己不应该这样对待母亲，最后又回到原本的相处模式。如此反复。

母亲应该看到，在共生这件事情上，孩子是多么痛苦与无助。母女共生，就是对于这段亲密关系最大的戕害与吞噬。

 ## 给父母的建议

如果真的爱孩子，母亲需要做到以下几点：

1 不要绑架和控制女儿，而是应该给予她们最大的自由与权利。当女儿已经长大，有自己的思想与主张，可以独立自主时，母亲就应该和女儿"划清界限"，不因为她们是自己的孩子就意图绑架和控制她们，不强求她们必须听自己的，也不逼迫她们必须按照自己的规划去生活。

划清界限，知道并尊重女儿的需求，支持她们遵从自己的内心，那么母女关系就会从共生关系发展为和谐的亲子关系，促使彼此得到真正的成长，活出属于自己的人生。

2 母亲应该从自身的焦虑中走出来，思考自己想要什么样的生活，如何改变自己的困境。只有母亲不焦虑，才能把投注在孩子身上的注意力收回来一部分，去寻找自己的快乐，而女孩才不至于隐忍纠结，才能清晰地表达内心的情绪，打破不健康的共生关系。

3 在家庭关系中，母亲的身份不只是母亲，还是妻子，独立的人。所以，母亲要明确自己的身份，给予每个成员爱与守护，也享受其他人的爱与关怀，营造一个幸福而完美的家庭。只有家庭幸福，母女关系才会更加健康与和谐。

畸形母女关系的代际传递

母亲与孩子之间的关系，是社会最初的关系，也是最重要的关系。而与母子关系相比，母女关系似乎更为关键。

事实上，母亲对于女孩的教育不仅包括有意识的互动，更关键的是包括无意识的传递。这种传递，包括了传递优质的行为与身心特征，更包括了传递一些不良的行为与身心特征。也就是说，母亲的行为与思想，构建的健康或不健康的家庭模式，会在女孩身上打下深深的烙印，进而以重复的模式传递给女孩，女孩的子女，以及子女的子女。在这个过程中，除非其中有人实现自我觉醒和突破，打破这种家庭的传递，这种重复才能终止。

在心理学上，这种现象有一个专有名词，叫作代际传递。与健康的家庭代际传递相比，创伤性的传递更为突出，并对女孩的人生起到巨大的作用。举个例子，母亲性格强势，在母女关系中表现出强烈的控制欲，女孩在没有形成自主意识的时间内，自然也就成为被控制的那一方。同时，母亲的这种性格与行为往往会传递给女孩，使其慢慢地与母亲形成生命的延续，继承那种强势与控制欲，最后将自己的悲剧在子女身上重演。

不要让下一代成为代际传递的受害者

母亲脾气暴躁，用最坏的情绪来面对女孩，在与女孩的互动中表现为愤怒与吼叫，那么女孩也会成为这种暴戾性格的传承者。童年时期她们有多恨母亲，成年后就有多像那个自己最痛恨的人。尽管她们努力想要逃脱，摆脱母亲带给自己的阴影，可内心深处仍无意识地在复制母亲的模式。

女孩苏珊从小生活在母亲的暴躁情绪中，母亲常常会毫无理由对着她发脾气、大吼大叫，甚至是肆意地打骂她。

面对这样的母亲，除了恐惧，苏珊每天都会焦虑地想：妈妈今天会打我吗？于是尽可能让自己变乖，尽可能讨好和满足妈妈，或是尽量躲在房间里，避免与母亲接触与交流。然而，讨好并不能让母亲满意，她得到的仍是责骂、挑剔、突如其来的怒吼与打骂。于是，在同龄小孩都享受母爱，渴望母亲带自己去游玩、给自己买礼物的时候，苏珊内心却存在着可怕的想法：希望妈妈赶快死掉！

青春期时，苏珊一方面怨恨着母亲，另一方面开始叛逆，急切地想要逃离这个可悲的家庭。她早早就开始恋爱，然后匆忙地结婚。这样的婚姻是不幸福的，因为长期被打压和被嫌弃，她习惯了讨好，所以在恋爱和婚姻中极度卑微。她的丈夫很糟糕，对她漠不关心，嫌弃她、责骂她，可她却认为是自己不好，依旧全身心地讨好与取悦丈夫。这样的婚姻自然难以维持长久，结果她成了单身母亲，一个人努力地为生活奔波，辛苦地养育女儿。

这样的困境让她变成母亲那样，脾气暴躁，动不动就对女儿大吼大叫，动不动就把坏情绪发泄到女儿身上。糟糕的代际传递发生在苏珊身上，她成了"第二个自己的母亲"，而女儿则成为当初的自己。直到她无意间发现自己

小时候写的一张字条，"等我长大，成为妈妈以后，一定不会打孩子"，这才猛然醒悟，并且被这个可怕的事实吓倒。

她的幸运在于及时醒悟与克制。自从认识到这个事实后，她开始做出改变，努力克制自己的情绪。同时她开始与母亲和解，直接指出她存在的问题，并且和她约定不再暴躁、不再挑剔。在两人的共同努力下，这段畸形的母女关系总算往正常、良好的方向发展。更为关键的是，苏珊打破了这种不良的代际传递，与女儿建立了和谐健康的母女关系，不至于让自己的女儿成为下一个受害者。

我们一直在强调父母言传身教的重要性，不管什么时候，母亲对于女孩持续而稳定的影响都足以让女孩成为母亲的翻版，把母亲的某一特质发展成为自己人格结构的一部分，成为家庭创伤的受害人和加害者。只是，有的女孩被影响得多，有的女孩被影响得少；有的女孩可以打破这种不良传递，有的女孩却无法逃脱。但不管怎样，这个过程对于女孩来说是痛苦且受折磨的。

给父母的建议

可以说，代际传递普遍存在于母女关系中，而且不良的代际传递在伤害着我们的孩子，以及下下一代。所以，即便母亲是原生家庭的受害者，也应该向故事中的苏珊学习，努力去打破这种传递与循环，建立健康而美好的母女关系。当然，在这个过程中，我们需要注意几个重点。

1 母亲需要回到原生家庭，发现问题所在，然后不把问题带入新家庭。要知道，不健康的母女关系可能不是源于母亲，而是源于母亲的母亲，或是从母亲的母亲的母亲那里传递下来的。但是，我们需要觉察和反省，觉察问题的存在，反省自己所受到的影响。这是第一步，也是最为关键的一步，否则这个传递就很难被打破。

2 母亲需要与女儿建立健康的亲密关系，给予女儿适度而美好的爱。母亲是爱女儿的，可是这份爱应该是正确的，不以自己的意愿来左右女儿的人生，不把自己的痛苦与不幸传递给女儿，更不要成为女儿的敌人。

如果母亲以爱之名，从来不给女儿尊重，一再突破边界，那么女儿自然会对母亲产生深深的不信任感，进而发展为叛逆与敌对，长此以往，母女关系就会向着劣质和畸形的方向发展。同时，这种关系会以反复的模式传递下去，影响着下一代、下下一代。

3 努力改变自己，使得母女逃离代际传递的惯性。母亲应该冷静地评估自己与女儿之间的关系，努力改变自己，治愈自己。当实现了自我治愈，那么便会摆脱伤害，学会正确地爱自己的孩子、教育自己的孩子，进而使得母女关系在爱的滋养中良性发展。

5

代沟，可以成为一种良性冲突

母女之间，还容易出现的一个问题是代沟问题。

母女之间存在着代沟，是大部分家庭的常态。因为母亲和女儿所生长的背景、所受的教育、所接受的观念不尽相同，因此，在思想观念上或多或少都会有些差距，进而产生不可避免的冲突。然而，一开始这种代沟是不存在的。起初，母亲无条件地疼爱关怀女儿，给予她们鼓励、支持，引导她们学会走路、说话以及各种技能，同时女儿则完全信任和依赖母亲，是黏人的小可爱，是贴心的小棉袄。直到女儿进入青春期，接触的事物越来越多，自主意识越来越强，她们渴望独立却又难以摆脱母亲的束缚或控制，便往往会把自己封闭起来，或是与母亲对立。

这个阶段，是女孩逐步从幼稚走向成熟的时期，更是容易产生心理闭锁的时期。而母亲则习惯对女儿说一不二，把她们当作听话顺从的小可爱。于是，一方对生活充满想法和憧憬，想要按照自己的意愿去做事，一方把对方当小孩般看管，不理解为什么当初乖巧的小公主变得不听话、不懂事，不明白为什么自己明明已经教给她们好方法，对方偏偏要想入非非，以至于母女之间形成一个无形的代沟，彼此不理解，彼此有怨言。

把无形的代沟转化成对彼此的理解

赵月上初中之前非常乖巧懂事，成绩很优异，生活上也是妈妈的贴心小棉袄。可到了初二以后，母女关系出现了一些波折，赵月不再主动跟妈妈说心里话，也不再愿意接受妈妈的指导。每天放学以后就把自己关在屋子里，妈妈想和她说几句话也没机会，更别说谈心了。

初二的暑假，赵月想参加学校举办的夏令营，到北京进行游学。但妈妈认为这纯属浪费时间，还不如报个提升班为初三打好基础，好考入重点高中。听了妈妈的话，赵月虽然没说什么，可情绪一直比较低落。两天后，妈妈想找赵月谈谈，便以饭后散步为由敲开赵月的房门。赵月正听着音乐，看了妈妈一眼，没说什么。

妈妈说："既然你现在不写作业，就和妈妈一起聊聊天吧。"

可赵月显然不想聊，看都不看她，说："我休息一会儿还要写作业。"

妈妈说："我有些话想和你说……"

赵月表现出明显的排斥情绪，说："有什么好说的呀，我要写作业了，你快点出去吧！"

赵月妈妈很伤心，凭直觉她知道女儿和自己疏远了，两人的关系出现了隔阂。可是这隔阂是什么时候出现的呢？难道母亲与女儿真的存在代沟吗？

是的！故事中的母女俩有代沟，但是这代沟却并非不能消除。它之所以产生是因为两人不在同一个频道上，无法产生"同频共振"。赵月想的是游学可以增加自己的阅历，可妈妈却只关注分数与考试，再加上赵月封闭自己的内心，不愿进行沟通，妈妈不知道如何沟通，如此两人没有交点，自然也就形成一种代沟了。

对于女孩来说，10岁之前是她们对父母的崇拜期，10岁到20岁之间是对父母的轻视期，而进入30岁之后，她们才会开始慢慢地理解父母，进而真正地深爱父母。可见，10岁到20岁之间是母女间代际冲突最为激烈的时期，也是母女代沟产生的关键时期。这种代沟与冲突不可避免，是女孩自我意识强化、心理成熟的必然产物。

代沟并非只有坏的一面，会不利于母女沟通，让母女关系渐行渐远，它也有好的一面，它的存在表明女孩正在成长，思想和心理都在趋向成熟。因此，母亲不但要承认这种代沟的存在，还不可忽视它的影响，更不可以以代沟为借口，轻视自己在教养女孩上存在的偏差。

 ## 给父母的建议

当母亲与女儿出现冲突或代沟时，母亲应该认识到产生代沟不是坏事，女孩成长才会出现这种现象；女孩与母亲存在代沟，只是认知、思想上的，不是情感上的。当然，说起来简单，做起来又是另外一码事。要解决这个问题，母亲应该学着认识和理解女孩，站在女孩的角度去思考问题，考虑她们的情感和需求，而不是采取简单粗暴的方法。

1 母亲要把代沟当作一种良性冲突，接纳它、化解它。母女两代人在年龄、思想、知识、生活经验等方面上存在着天然的差距，产生代沟是必然的。成年人思想更成熟，就应该比孩子更理性，认识到代沟是由于心理发展水平不同引起的。由于女孩的感知、思维等尚未发展成熟，且每天都在快速地发生变化，因此到了一定年龄就不会轻易向外袒露心扉，对母亲变得冷淡起来，这是一种正常现象。母亲应该想办法通过沟通来促使彼此的关系变得更和谐，让两代人变得生机勃勃、富有活力。

2 要充分了解女孩的心理特征，尊重她们的独立人格和不断增长的独立意识与自尊心。母亲要明白，自己的权威主要来自人格魅力，而不是"我是妈妈"。虽然母亲的知识、经验、技能或许比女孩掌握得多，但是千万不可因此就强迫孩子听自己的，甚至把她们说得一无是处，否则母女关系就会产生隔阂。

3 成熟的母亲应当善于与女儿沟通，建立良好、平等的沟通模式。女孩已经长大，具有强烈的自尊心和自主意识，母亲不能用高高在上的姿态与其进行交流，也不能仅凭着自己的喜欢与意愿来左右她们。当女孩做出一些事情，提出一些想法时，母亲即使不理解、不支持，也不能当即质问或训斥们她们。同时，母亲要学会倾听、理解，理解她们的意见或情绪，明白她们内心的感受。

在沟通的过程中，母亲做到了倾听、理解与支持，就是对女儿最大的尊重，自然可以建立母女关系的桥梁，消除横亘在母女之间的代沟。

6

刺猬效应
——母女关系的写照

在心理学上有一个名词，叫作刺猬效应，它也被称作心理距离效应，反映的是刺猬在天冷时彼此靠拢取暖，但又保持一定距离，以免互相刺伤的现象。在寒冷的冬天，刺猬为了取暖，想要紧紧地依靠在一起，然而彼此身上的刺却伤害着它们，迫使它们不得不选择分开。可是天气又实在太冷了，刺猬又不自觉地靠在一起，接下来又因为刺疼感而分开，它们就这样反反复复地靠拢、分开，靠拢、分开。它们不断在受冻与受刺之间挣扎，最后，终于找到一个适当的距离，既能相互取暖，又不至于被彼此刺伤。

其实，刺猬效应，也是母女关系的写照。小时候，母亲可能是女孩最爱的人，是女孩的偶像。但在青春期之后，出于种种原因，母女之间仿佛出现了一些刺。距离太近，冲突不断，彼此伤害；距离太远，又有割不断的爱与情，相互惦念。

让母女关系保持合适距离

网络上曾经流传着一个年轻人自我调侃的段子：

回家第一天VS回家第N天。

孩子回家第一天，母亲笑脸相迎，给予大大的拥抱，嘘寒问暖，准备最丰盛的饭菜；

回家第二天，母亲的热情度有所下降，伙食也不如之前丰盛；

回家第三天，母亲的笑脸少了，取而代之的是嫌弃与抱怨……

回家第N天，母亲几乎不再有好脸色，只剩下叉腰责骂："整天就知道玩手机，你回来干什么！""快点走吧，省得在家和我作对。"

虽然是调侃，但是却非常真实、贴切，反映了刺猬效应影响下的亲子关系。父母与子女之间存在着吸引力，也存在着排斥力，所以想要亲子关系和谐，就应该保持适当的距离。这距离是空间上的，更是心理上的。

而在所有的亲子关系中，母女关系最为微妙，又最为复杂。因为母女可以更亲密，女儿往往更像母亲，可恰恰因为如此，这关系中更多了一些纠缠与游离。更糟糕的是，母女之间充盈着相爱与"相杀"，如果处理不当，很可能使得彼此的爱变得千疮百孔。

有这样一对母女，女儿是一个刚毕业不久的大学生，自由工作者，为人写一些简单的剧本，母亲则是一位普通的家庭妇女，因为无法与家中老人相处，搬来与女孩同住。距离远时，母女两人彼此挂念，心里爱着对方，可住在一起后，矛盾就突显出来了。母亲用自己的思维教育女孩，数落她的不是，偏执地要求她按照自己的想法去做，甚至动手帮助女孩"改正错误"。而女孩呢，多数时间是排斥母亲的，抱怨母亲为什么没为自己制造良好的生活环境，抱怨她总是针对自己、责备自己，于是对母亲很冷淡，甚至躲避着母亲。极其相似的两人，相互攻击着，相互防备着。

可是冲突之后，母女两人又变得密不可分，成为彼此情感上的慰藉。母亲被欺骗感情，最后只从女儿那里得到柔情，女儿恋爱失败，也只有母亲给予关怀，纵使她并不明白女儿为什么会分手。这样一对母女之间有爱，却也有隔阂与矛盾，走在大街上，彼此距离不算远，但又不如当初那样亲密。

每个人身上都有着一定的刺猬特性，或者说有着明确的心理界限，这个界限不是固定的，有着亲疏远近之分。但即使是再亲密的人，也无法容忍对方太过于亲近自己，无法接受对方的过多介入与控制。父母与子女之间，爱人之间，朋友之间，都是如此。

母女之间，关系太近，不仅会发生矛盾，女儿还可能会感受到自己被过度掌控，被侵犯隐私，从而更不愿意与母亲沟通与交心。关系太远，女儿感受不到母亲的爱，往往会在心理上产生疏远感，造成母女关系的疏离。

女孩莉莉很少像其他女孩一样，与母亲特别亲近，更不会彼此交心。因为她从小就是留守儿童，被爷爷奶奶养大，直到初中之后才回到父母身边。对于莉莉来说，父母是她最亲近的陌生人，她没有特别依恋的感觉，而母亲对她也不是特别宠爱与亲密，连说话都是客客气气的。

莉莉也渴望母爱，渴望能和母亲抱在一起说说话、聊聊天，或者坐在一起看电视、吃零食。然而因为长期不在一起生活，只要尝试着和母亲亲近，她心里就有说不清的不适与尴尬。慢慢地，她不再尝试，而与母亲保持着一定的距离。

  ## 给父母的建议

无论是距离太近，还是距离太远，对于母女关系来说都不是好事。

母亲必须了解什么是刺猬效应，以及自己与女儿身上的刺猬特性，避免所做的一些行为既伤害到自己，又伤害到女儿。

那么作为母亲又该如何让自己保持一种合适的关系，实现与女儿的和平共处呢？

1 保持距离，这意味着对女儿的尊重，包括对女儿人格的尊重与隐私的尊重。在养育女孩的过程中，母亲应该注意界限感和分寸感，给予她们成熟的爱。我们需要明白，每个人都是独立的个体，人与人之间存在着必要的距离，所以要尽量做到尊重女孩的独立人格，不侵犯女孩的隐私。做到了保持距离，彼此尊重，那么母女间即使关系近了些，也不会轻易产生冲突，不会肆无忌惮地刺伤彼此。

2 给予女孩正确的爱与关怀，不在她们的心灵上留下伤痕。张爱玲与母亲的关系，是不良母女关系的典型例子。小时候，张爱玲深爱着母亲，对她有着无尽的崇拜，然而母亲对她的爱似乎并不够。母亲早早就离开她，后来又一心想把她打造成名媛，冲着她咆哮，对她充满质疑与批判……之后再一次离她而去，很少关心与问候她。正因为如此，张爱玲从崇拜母亲变成怨恨母亲，对这段关系充满了失望，甚至连母亲要求见她最后一面的愿望都没有满足。可以说，母亲给予张爱玲的爱是千疮百孔的，给她的心灵造成了巨大的伤害，造就了她凉薄的性情。

3 主动化解与女孩的冲突，学着化解母女矛盾。从某种程度来说，身为大人，母亲掌握着母女关系的主动权，所以当母女间发生冲突时，母亲就应该主动寻找问题之所在，进行有效的沟通与交流，慢慢找到适合彼此的距离与状态。

第六章

多子女家庭的女孩教育

在多子女家庭中，女孩更需要获得一份平等的爱，只有如此，将来她们才有可能学会处理所有的关系，包括与同学、朋友、同事，甚至是伴侣的关系。所以，父母需要给女孩平等、公正的爱，同时教会兄弟姐妹相亲相爱、相互扶持。

1

别让姐姐成为"第二母亲"

很多人认为一个家庭生两个孩子，一儿一女凑个"好"字，姐姐照顾弟弟，弟弟帮助姐姐，实乃最幸福的事情。可事实上，这只是极其理想的状态，抑或一些自私的父母为自己所找的一个借口罢了。

在父母忙碌、无暇照顾子女的情况下，大宝自然成为照顾弟弟妹妹的最佳帮手。原本享受所有爱和照顾的大宝，不但被分走了父爱和母爱，没了撒娇和任性的权利，还成为必须承担责任的小大人。尤其作为姐姐，她被迫长大，失去自己的玩乐时间，不得不帮爸妈做一些力所能及的家务，帮爸妈照顾弟妹。

更有甚者，姐姐似乎成为弟弟妹妹的"第二母亲"，不得不照顾弟妹的饮食起居、学习玩耍。在家中，冲奶、喂饭、洗衣服，在外，看管、游戏，还有辅导作业，几乎都是姐姐的责任。从父母的角度来说，大女儿懂事乖巧，帮自己分担责任，学会爱护关心弟弟妹妹，这很不错。然而，对于不被重视的姐姐来说，为家人、弟弟妹妹贡献实际上给她造成了巨大的心理伤害。过于懂事，姐代母职，让她从来没有轻松过，长大后依然把照顾别人当作己任，甚至习惯于软弱讨好，宁愿委屈自己也要承担本不该承担的责任。

不要让姐姐承担母亲的角色

波伏娃在《第二性》中精准地描述了姐代母职的姐姐的形象：除尘、拣菜、给婴儿洗澡、熬浓汤时看火。特别是，姐姐经常要做母亲的工作。要么出于方便，要么出于敌视和虐待心理，母亲把一大堆自己的职责都推到姐姐身上，于是她过早地融入严肃工作的世界中。意识到自己的重要性，有助于她承担女性职责，但她却没有幸福的清闲和童年的无忧无虑。她在青春期就被迫承担成年人的角色，这给她身上打下一种特殊的印记。

女孩梦梦就是这样一个"懂事"的姐姐，她刚刚升入初中一年级，学习成绩很不错，乐于助人，比同龄女孩多了一些成熟。这不是她天性如此，而是从小照顾弟弟所致。梦梦10岁时，家里多了一个弟弟，于是妈妈总是在她耳旁嘱咐："你现在是姐姐了，需要懂事乖巧了，不能再任性！""你要多照顾弟弟，做个好姐姐！"

之后，梦梦就真的担起做姐姐的责任，一开始妈妈在家照顾弟弟，爸爸工作忙，她就学着帮忙打下手。别看她年龄小，可做事一点都不含糊，冲奶、换尿片、哄弟弟睡觉都很娴熟。妈妈的确感到轻松很多，可梦梦也失去了很多玩乐的时间，不再如其他小朋友般无忧无虑。

再后来，弟弟上了幼儿园，妈妈重新进入职场，梦梦身上的担子更重了。其他孩子放学后只要写作业、看电视、玩耍就可以了，梦梦却需要匆忙赶往幼儿园接弟弟回家，然后带着弟弟玩。

其他孩子周末可以约着一起去图书馆、博物馆，梦梦却出不了门，只能在家陪伴弟弟玩游戏，教弟弟认字、写字。慢慢地，梦梦变得成熟懂事，习惯了委曲求全。即使在学校里，也习惯承担起照顾他人的责任，习惯讨好他人，不会拒绝他人。

每个孩子都应该有一个无忧无虑的童年，被父母关爱呵护，做自己喜欢的事情，健康快乐地成长。然而，很多父母却出于种种原因给女儿灌输"你是姐姐，应该照顾弟妹""你已经长大，该为父母分担，承担姐姐的责任"的观念，全然忘了她也只是孩子，也需要被父母宠爱和照顾。和梦梦一样的女孩，比其他同龄人都成熟懂事，可这不是她们想要的，而是父母强加给她们的。

俗话说"长姐如母"，姐姐照顾弟妹好似理所应当，实际却违背了客观规律，更违背了父母的职责，还可能给姐姐带来巨大危害。一方面，姐姐与弟妹是存在着"母爱"竞争的。弟妹出生前，姐姐是全家的焦点，所有人都关心宠爱她，她已经习惯了这样的生活。如今，弟妹不仅和她分享爱，父母还要求她照顾弟妹，担起她不该承担的责任，姐姐能适应吗？又怎会不产生不满、嫉妒？

另一方面，长姐被迫长大，总是以弟弟妹妹为中心，过早背负家庭重任，慢慢地可能成为自己厌恶的"扶弟魔"。

这样的女孩，缺少父母的关爱不说，她们的存在似乎只是为了照顾弟妹，她们的努力，只是为了延续父母自私的爱，一生都很难获得幸福。电视剧《安家》里的房似锦，受原生家庭和母亲影响，成了无条件帮弟弟的"扶弟魔"。《欢乐颂》里面的樊胜美也与她相似，只不过她帮扶的是自己的哥哥。尽管哥哥比她大，可母亲却逼着她为哥哥买房、还债、养孩子。影视剧是夸张的，房似锦的母亲是一个只知道撒泼打滚和耍无赖的恶母，樊胜美的母亲是一个贪婪、不顾女儿死活的母亲，两人都令人厌恶。这样的母亲现实中虽不多，可事实上，许多父母却使用更"温柔"的方式把姐姐逼成了"扶弟魔"，把她们推入深不见底的深渊。

这与自然界的一种现象非常相似：在东非大草原上，生活着一种叫作白额蜂虎的鸟，它们孵出第一只小鸟后，便会强迫这只小鸟照顾后孵化出来的小鸟。特别是到了旺季，它们会强迫第一只小鸟照顾"弟弟妹妹"，不容许它做出一点点反抗。就算它已经找到伴侣，建立新的巢穴，它们也会想办法进行阻挠，在这只小鸟的巢穴门口堵着，干扰它与伴侣的相处，甚至赶走这只小鸟的伴侣……它们通过对这只小鸟的侵扰，逼迫它为自己服务，做这个家庭的牺牲品。

 ## 给父母的建议

父母应该明白：孩子就是孩子，他们需要享受童年的快乐，享受父母的关爱和照顾。你可以适当地告诉年长的女儿要照顾自己的弟弟妹妹，但千万不要让她们过早地承担不该承担的责任，别让她们成为弟弟妹妹的"第二母亲"。父母在处理儿女关系时，一定要做到以下几点：

1 父母必须把孩子当作孩子，给予全心的照顾和爱护。家里有了其他孩子，父母又工作繁忙，很可能出现照顾无暇、力不从心的情况，但请不要忽视年长的女儿，更不能让年长的女儿成为其他孩子的"第二母亲"，因为她们只不过稍大一些，仍是孩子，仍需要被照顾和关爱。

缺乏父母的关爱，她们很可能失去安全感、自我价值感，长大后也不敢去爱、不相信自己，很难得到幸福的人生。

2 父母必须认识到照顾小孩子不是年长女儿的责任。很多父母把小孩子交给年长的女儿照顾，理由只有一个：你是姐姐，照顾弟弟妹妹不应该吗？对，就是不应该！父母生几个孩子，是父母的权利，当然，照顾他们也是父母的责任和义务。如果把责任推给年长的女儿，强迫她们承担责任，就是错误的行为，不仅无法使得家庭幸福，还伤害了她们。

3 引导孩子们互相照顾、互相关爱。同胞关系是一个人人生中持续时间最长的人际关系，甚至超过父母与孩子。对于孩子，兄弟姐妹的存在，既是多了"争宠者"，也是多了玩伴、帮扶者。所以，想要孩子之间关系良好，父母就应该教会他们互帮互助、互相关爱，而不是大孩子必须照顾关爱小孩子。

重男轻女或是重女轻男都不可取

对于多子女家庭而言，重男轻女是一种不平等的观念与行为，给女孩和男孩都造成一定的伤害。女孩从小到大被轻视，受尽不公和委屈，长大后可能因为缺爱步入两个极端：一是过于懂事与讨好，成为可怜的"扶弟魔"，一是渴望爱却不懂爱，性格强势且冷漠，生活也很难幸福。

对于男孩来说，这种错误的养育方式也有很大危害，因为从小就被偏爱，造成性格骄纵任性，长大后对于亲情较为淡漠。同时这样的男孩习惯被重视和照顾，很有可能成为依赖性很强的"妈宝男"。

重男轻女不可取，重女轻男也不行。

重男轻女或重女轻男，受伤的总是孩子

女孩小薇生活在一个重男轻女的家庭中，有一个大自己一岁的哥哥，平时父母非常偏心，对待自己和哥哥简直是云泥之别。从小，哥哥的玩具堆满一屋子，小汽车、奥特曼、足球、篮球、iPad等应有尽有，好吃好喝先被满足，即使成绩不好、时常犯错闯祸，也很少被骂被打。小薇就不一样了，她只有一两个布娃

娃，没有零花钱，从小被要求帮父母做家务，一旦犯错就要挨骂挨打。哥哥很顽皮，时常欺负小薇，可父母却睁一只眼闭一只眼。

一开始，小薇还没什么感觉，可越大越觉得委屈，内心有着嫉妒与不甘，不明白父母为什么偏心。她想要得到爱，于是开始尽可能地讨好父母与哥哥，可这一切都是徒劳的。她只能一个人偷偷躲在被窝里哭，想要尽快长大，逃离这个家。之后她努力学习，考上了一所不错的大学，然后找到了一份不错的工作，成为人人羡慕的白领。

这个时候，父母好像改变了，对她越来越好，前提是她要不断给家里汇钱，愿意为哥哥结婚分担压力。为了这份爱，她甘愿付出，工作几年赚了不少钱，却没有什么积蓄。谈了男朋友后，她开始为自己着想，给家里寄的钱也少了，结果父母再次开始嫌弃她，说她不懂事，之前都白疼她了。自此她才醒悟过来，不再为了所谓的认可委屈自己。然而，她的心却已是伤痕累累，很难再感到快乐。

这就是重男轻女的家庭对于女孩的伤害。

当然，现在很多家庭已经有了新的观念，不再轻视女孩，反而更重视女孩，于是一种重女轻男的思想便盛行起来。尤其是一些爸爸，更加宠爱心爱的"小公主"，捧在手心怕摔了，含在嘴里怕化了，俨然成了地道的"女儿奴"；平时和女儿非常亲密，会想办法满足女儿的一切要求，衣服是最漂亮的，玩具是最贵的。这些父亲对儿子却严苛无比，认为儿子糙着养就可以，衣服没有女儿的好，玩具也没有女儿的多，还要求他们必须无条件地让着姐姐或妹妹。

一般来说，这样的家庭受"富养女孩，穷养男孩"的影响很大，倒也不是偏心，只是为了更好地养育女孩和男孩。可是对于孩子来说，重女轻男与重男轻女同样存在着很大的弊端，对于男孩和女孩都是一种伤害。毕竟男孩与女孩虽然性别不同、性格不同，但是对于父母的爱的渴望是相同的。不管父母把心偏向哪一边都只会把一方宠坏，让另一方缺爱，造成子女之间的不平衡以及家庭关系的失衡。

李欢有两个孩子，一个男孩，一个女孩，她非常喜欢女孩，也受富养女穷养儿观念的影响。在她看来，女孩比较娇弱，就应该尽自己所能满足她的要求。至于男孩，就不能太惯着了，也没有必要提供太多的物质享受，否则长大后可能变得"女孩子气"，没有男孩该有勇敢与坚韧。

就这样，女儿从小就受全家人宠爱，喜欢什么就买什么，喜欢做什么就做什么。而儿子则没有这样的待遇，李欢在他身上从来不多花一分钱，不给他打扮，玩具都是女儿不愿意玩的，或是亲戚家送的。

转眼间，孩子都长大了，女儿被娇宠成"小公主"，个性娇气、任性，一旦有要求不被满足就会大哭大闹。上初中的时候，学校要求全体学生住校，可她缺乏基本的自理能力，又与同学们合不来，时不时找李欢哭诉，让她头疼不已。而儿子也没有养成坚强勇敢的性格，因为从小在物质上被苛待变得小气、自卑，时常莫名地感觉比别人低一等。

由此可见，对于多子女家庭而言，重男轻女与重女轻男都是不正确的养育方法。男孩女孩同样渴望爱，如果受到的待遇不同、享受的爱不同，心理自然不平衡，健全的人格自然也很难形成。父母想要在孩子间找到平衡，做到绝对的公平，不那么容易。然而，爱孩子，就应该给孩子正确且平等的爱，而不是因为自己的喜好，或是某些陈旧的观念做出错误的行为。

 ## 给父母的建议

那么，我们应该如何给予孩子正确且平等的爱呢？

❶ 不偏心任何一方，不管是男孩还是女孩。对于多子女家庭，父母首先需要面对的问题就是在男孩女孩之间找到平衡，做到不宠坏任何一方，不忽视和打压另一方。尽管男孩和女孩的养育方式不同，但父母必须给予儿女相同的爱，不因穷养富养或是养儿防老的观念有所偏袒与重视。这不仅有利于孩子身心的健康发展，也有利于家庭关系的长久维持。

❷ 在养育孩子的过程中，父母要做到尊重孩子，尊重男孩女孩的个体差异。男孩与女孩因为性别的差异，在个性、心态、行为上有很大不同，父母应该调整育儿的心态与方法，力求做到有所侧重，让他们能最大限度地发展自己。

养儿养女区别大，
要根据心理特征来

男孩和女孩的教育，需要根据孩子的心理特征来决定。尤其是多子女家庭，父母需要做的不是搞一刀切，而是应该摸透男孩和女孩的个性与心理特征，找到合适的方法去区别对待。

当然这种区别对待，指的是养育方法，而不是我们之前所说的性别偏见。与男孩相比，女孩是感性的生物，需要用爱去感化，需要给她们陪伴和仪式感，更需要让她们感觉到父母是爱她们的。在批评女孩时，父母不能像批评男孩那样简单直接，更不能说重话，而是需要让她们明白自己错在哪里，让她们感觉到父母的爱与关怀，这样一来，才能让女孩在受到批评后，既能自觉地改错，又能被爱感化。

养儿养女的教育方式有很大不同

不妨来看看下面这个例子。

有一对姐弟无意间犯了错，正在接受妈妈的批评，可两人的表现却截然不同。姐姐低着头，眼泪在眼眶里打转，而弟弟则毫不在意，左脚还不老实地踢着小石头。这个时候，如果妈妈把两个人放在一起批评，显然是不合适的。说重了，姐姐承受不了；说轻了，对弟弟起不到任何作用。于是，妈妈只能把两人暂时分开，然后进行了不同方式的沟通。

妈妈："你知道我为什么要批评你吗？说说看！"

女孩："我知道，因为我……"

妈妈："嗯，不错。能够认识到自己的错误，说明你是个好孩子，这一点妈妈要表扬你。"

说完，妈妈拍拍女孩的肩膀，给予她肯定和鼓励，然后给她讲了一些做事的规则和道理，希望她不再犯类似的错误。就这样，这场母女之间的交流在和谐的气氛下进行着，女孩的负面情绪也得到了舒缓。

与男孩的对话就不那么容易了，显得有些剑拔弩张。

面对妈妈的批评，男孩先是选择顶嘴，为自己的错误辩解。妈妈则变得更严厉，直接指出："你今天犯了错，还不知道反省，罚你面壁半个小时。"半个小时后，妈妈再次与男孩对话，讲明利害关系，而男孩也只能乖乖认错，保证以后绝不再犯。

面对摔倒或受伤等情况，这位妈妈对于男孩和女孩的态度也有所不同。对于男孩，妈妈只需引导他站起来，鼓励他勇敢一些，继续向前走便可以了。而对于女孩，妈妈则多给予她关心，通常会问她疼不疼，摸摸她的头，

拉拉她的手，然后再鼓励她勇敢和坚强。

很明显，这位妈妈是聪明的，做法也是正确的。原因很简单，男孩与女孩面对批评时，情绪表达与内心特征是完全不同的。很多女孩受到批评，或是感到委屈的时候，表面或许没有太大的情绪波动，可内心却兴起波澜。她们担心分辩或回嘴会遭到父母责骂，于是只能把委屈藏在心里。内心的负面情绪得不到宣泄，时间长了，就会反复被它们困扰，进而在她们心中产生心理隔阂。同时，女孩的脸皮薄，心灵更容易受伤，常常因为一件小事而哭泣，甚至做出一些过激的行为。而男孩则截然不同，遇到父母的批评会犟嘴，会为自己辩解，只要父母不算过分，即使被责骂也不会往心里去。事情过去后，男孩不会再纠结于父母的责罚，内心更不会纠结父母是否爱自己、疼自己。当然，这有一个弊端，那就是他们容易再犯同样的错误。

给父母的建议

总之，养儿养女区别很大，这种区别不是富养与穷养的问题。父母要注意关注男孩女孩心理特征的不同，对他们采取不同的养育方式。

1 男孩和女孩就是不一样，父母需要尊重两者的差异。父母需要明白，男孩和女孩就是有差别，需要理解他们在生理和大脑发展上的不同，进而导致个性、心理特征、行为特征等多方面的不同。在日常生活中，父母也不能要求他们在某些事情上表现一致，更不能用同样的标准来要求他们。

2 沟通方式，男女有别。对于男孩女孩，父母应该注意采取不同的沟通方式，对于男孩给予更多认可，对他们说"你已经长大了，可以做得很好"，对于女孩则给予爱与呵护，告诉她们父母爱她们，多给她们拥抱与亲吻。

3 需要对女孩更温柔，更注意她们的情绪与感受，提升她们的安全感。对于女孩，父母应该给予她们一对一高质量的陪伴，比如牵着她们的手，带她们去幼儿园，带她们过独木桥，听她们讲述自己的烦心事或开心事。尤其是父亲，应该给予女孩关爱与陪伴，因为从小被父亲宠爱长大的女孩，更容易建立自信、勇敢与独立等品质，更容易与男性建立从容的关系。

4 有意识地培养相反性别的优势能力，促进男孩女孩大脑的平衡发展。男孩和女孩，在某些能力上有一定差异，但是不代表他们最终可以达到的水平一定有差异。所以，父母千万不要存在性别偏见，认为男孩不应该做"女性化"的事情，女孩不能做"男性化"的事情，而是应该有意识地培养他们相反性别的优势能力，挖掘他们身上巨大的潜力。

平等的爱

父母的爱是最无私的，恨不得把自己的孩子捧在手心里，全力去疼去爱。然而在多子女家庭中，这份爱被分割成好几份，还可能逐渐凸显出不均衡、有偏向的趋势。很多父母说会平等对待每个孩子，可实际上孩子享受的爱很难达到均衡，绝大部分父母都会偏爱某一个孩子。

一个家庭有两个或多个孩子，一碗水端平真的很难。即使父母真的没有偏爱，可行为上还是有无意识的体现。更何况，受传统的重男轻女、大让小思想影响，爱护与关注的对象很可能有所偏重，比如更在意长子而忽视幼女，又比如希望长姐能懂事让着幼子。

父母的偏心，是伤害孩子最深的行为。这份伤害深入骨髓，可能让孩子在成长中慢慢变得胆小、懦弱，长大后也患得患失，缺乏安全感。尤其是女孩，比男孩更渴望得到疼爱，更容易与兄弟姐妹比较，得不到同样的疼爱，即使有一点点偏差，内心都会异常伤心难过。

在孩子的各种关系里，女孩总会比较父母更爱谁，对谁更重视一些。她们知道父母是爱自己的，但总觉得这爱是有差别的，与哥哥、弟弟、姐姐、妹妹相比，自己显然不是最重要的。这种委屈和痛苦可能很久也无法释怀，直到成年都埋藏在内心深处。

男孩女孩都是父母的孩子，同样需要被爱

女孩文文聪明懂事，有一个小自己两岁的弟弟，虽然父母不重男轻女，却总是偏向弟弟一些。这种偏向在平时看不出来，可只要涉及分配，不均就会淋漓尽致地体现出来。姐弟俩都喜欢吃草莓，如果只剩下最后一个，父母肯定会把它分给弟弟；全家人一起去游乐场，如果姐弟发生冲突，父母总是劝文文妥协，以弟弟的意见为主。

从小到大，文文就是不被偏爱的那个。家里搬进新房子，文文和弟弟一人一个房间，文文最先选择那个有飘窗的，可是当弟弟也说喜欢那个房间时，父母只是看了看她，然后痛快地答应了弟弟。那个场景文文牢记在心，虽然父母之后给了她一些补偿，给她买了最喜爱的床、书桌，但是她知道父母骨子里是偏向弟弟的，自己是被轻视的那一个。

于是，文文开始和弟弟争宠，有时明明不喜欢某个东西，可依旧会与弟弟争，希望父母能偏向自己一次。可一次又一次，她只收获了失望、委屈。她终于认识到，在父母心中自己从来不是第一位的，自己与弟弟是不平等的。所以，高中住校后，她不愿意回家，上大学后回家的次数更是屈指可数。父母给她打电话，嘘寒问暖，关怀备至，她一一回应着，内心却无法与他们亲密起来。弟弟打球受伤，妈妈让她打电话关心关心，她也是犹豫了好久才拨通电话，寥寥说了几句。

渴望平等的爱，却得不到，这是一种煎熬，更是一种摧残。在这样的情况下，失衡的心会千疮百孔，而为了保护自己，文文只能学着防御、自我保护。慢慢地，她不再与父母亲近，与弟弟日渐疏远，甚至成为一个冷漠的人，不再相信世界上有爱，也不再轻易爱任何人。

文文的遭遇很是令人心疼，实际上，很多父母的偏向更明显，更肆无忌惮。只因为女孩大一些，就逼着她们让着弟弟妹妹，不顾她们是否委屈。只因为女孩不讨巧，没有哥哥或妹妹会讨父母开心，就不被喜欢，甚至被忽视、责骂、讨厌。只因为是女孩，所以就不被重视、不被在乎。

电视剧《都挺好》里的苏明玉，从小就遭受着母亲不平等的对待。两个哥哥有鸡腿，唯独她没有；两个哥哥不用做家务，她必须洗碗扫地打扫卫生，为哥哥洗衣服；大哥想留学，妈妈卖了她的房间，二哥去旅行，妈妈直接给了他一笔钱，可轮到她想参加集训，则直接被拒绝，想考清华，被逼着放弃……这一切都只因为她是女孩，"不能和哥哥比"。

有时候，最亲近的人，恰好是伤害女孩最深的人。父母不平等的爱，是给予女孩最大的伤害，这创伤也将伴随她们一生。父母需要知道：在女孩的认知里，被爱和被尊重是最重要的，一旦这种需求得不到满足，且感觉父母更偏向弟弟或哥哥，心理就会产生不平衡，人格将很难得到发展。

给父母的建议

父母应该关注自己的孩子，给予女孩公平对待与最纯真的爱。事实上，这并不难做到。

1 不偏向，不忽视。一位心理学家说："一个人生下来不被看见、不被回应，就无法证明他的存在，他作为人活着简直是个错误……为了跟不存在感抗争，他会一直无意识地拒绝承认孤独并不断幻想，如果自己做得再好一些，就能赢得关系。"

在多子女家庭里，那个喊着不公平的女孩，其实是在向父母表达自己的需求：我需要被看见，我需要被爱。不论在物质上还是在精神上，父母都应该做到一碗水端平，关注所有孩子的感受。给予女孩公平的爱，才能让她们更有安全感和幸福感，同时也能够让孩子之间更友爱和团结。

2 给不同的孩子特殊的爱。女孩心思更细腻，需要更多陪伴、沟通，父母可以给女孩不同的独处时光，有别于男孩，并且把它固定为一个形式。比如弟弟还小，需要妈妈多照顾，同时妈妈也没忽视自己，关注着自己，特意留下一段时间与自己单独相处，或亲子阅读，或谈心聊天，不被弟弟、爸爸打扰。内心被满足，女孩自然会产生被珍视、被宠爱的感觉。

3 千万不要在孩子之间做比较。即使一个孩子嘴甜、懂事，另一个孩子倔强、淘气，父母不能夸一个贬一个，拿两个孩子比较。如果父母感觉孩子之间有好坏高低之分，那么偏心就会不自觉产生，给那个不被偏爱的孩子带来巨大的伤害。

一味让着弟弟妹妹，姐姐很受伤

在多子女家庭中，孩子之间的矛盾、争吵时有发生，但是通常情况下，很多大人对此不以为然，理所当然地觉得大的应该让着小的——不管什么东西，弟弟妹妹想要，姐姐就应该让给他们；不管对错，弟弟妹妹哭了，那就是姐姐的错，即使弟弟妹妹有错，也先责骂姐姐。

其实，孩子之间存在纷争是正常的，争吵、打闹时间不会太长，也不会伤害彼此之间的感情。可有了父母的插手、偏袒，事态反而严重了。原本应该和谐的姐弟、姐妹关系，因为父母的不公平对待，让姐姐有满腹的委屈说不出，让弟弟妹妹越来越骄纵、有恃无恐，和谐、有爱、亲情也就无从谈起了。

姐姐也是孩子，也需要父母的安慰

在一档综艺节目中，一个女孩站在高台上向爸爸哭诉："请不要再逼我让着妹妹了！"爸爸平时虽然严肃，但对妹妹多是宠爱。妹妹仗着爸爸的宠爱，时常跑到爸爸那告状，说姐姐欺负自己，结果爸爸总是不分青红皂白地训斥女孩。妹妹还总是故意惹姐姐、欺负姐姐，只要姐姐一教训妹妹，妹妹就又去告状，然后姐姐又少不了挨一顿责骂。

高台上，女孩伤心地哭泣，并且恳求爸爸："爸爸，你能不能试着相信我一次？"

所有人都心疼女孩，可爸爸却开口说道："你学过孔融让梨的故事，古人都知道'以大让小'，你比妹妹大6岁，这个道理还用爸爸说吗？她年纪小不懂事，你也不懂事吗？"

女孩哭得更伤心了，不停地抽泣着，对爸爸说："可是我每次都让着她，让着让着，她就会认为这是一种习惯，所以她认为她怎么欺负我你也不会说她。"

无论女孩多么伤心，爸爸依旧固执己见，教训着女孩："爸爸再重复一遍，毕竟她小。"

爸爸的这些话，让女孩无奈沉默，只能用哭泣发泄自己的委屈。可这委屈怎能用眼泪洗刷掉呢？妹妹还小，不懂事，姐姐大一些，已经懂事，但小的就应该被纵容，大的就应该被冤枉、训斥，忍受不应该忍受的委屈吗？

无独有偶，一个10岁的女孩也曾经在高台上投诉自己的妈妈。

妈妈很爱弟弟，不管什么时候，只要女孩和弟弟发生矛盾，妈妈都会责怪女孩，说她不懂事，不知道让着弟弟。大多时候，弟弟是霸道的，抢姐姐的零食、玩具，抢不过就咬人，咬肩膀、咬手臂。可是妈妈即使看到弟弟咬人，也只是说弟弟还小，不要招惹他就好了。弟弟喜欢无理取闹，故意欺负姐姐，撕碎姐姐的作业本，然而妈妈却从来不骂弟弟，却责怪姐姐不把作业本保管好。两人做错了事情，弟弟安然无事，姐姐却要挨批评，被批评不给弟弟做好的榜样，不懂得管着不懂事的弟弟。

女孩不理解，明明是弟弟的错，自己为什么要让着他，为什么被批评的总是自己？女孩感到既委屈又心寒，站在台上委屈地大哭，可依旧得不到妈妈的理解。她得到的回应依旧是那句话："不管从哪个角度来说，当姐姐的都应该让着弟弟，毕竟弟弟还小！"

同是孩子，区别却如此大，实在太不公平。

父母的态度，对于孩子的影响是巨大的。孩子的内心是脆弱的，受不得半点委屈，尤其这委屈是最信任、最亲密的父母给予的。每一次父母对着女孩说，"你是姐姐，就应该让着弟弟妹妹"时，女孩的心里都会留下一道伤痕，且真的很难得到愈合。她们的心更敏感，缺乏安全感，甚至对是非对错都失去判断。长大后，这些女孩不是习惯委曲求全，受欺负却不敢出声、反抗，就是个性敏感、暴躁，内心厌恶弟弟妹妹和父母，还可能拒绝和任何人交心，甚至不再爱任何人。

 ## 给父母的建议

其实当弟弟妹妹出生时，姐姐总有一种矛盾心理，既感到惊喜、新奇，又心怀忐忑。如果父母能公平地对待孩子，那么姐姐就会疼爱弟弟妹妹，可是如果父母总是偏爱弟弟妹妹，要求姐姐一味让着弟弟妹妹，往往会赶走姐姐内心的惊喜和爱，对弟弟妹妹产生强烈的敌意。所以，父母需要给予孩子所需的爱与关注，不干涉孩子间的矛盾与纷争，不一味地让大的让着小的。这需要足够的耐心与智慧，更需要改变一些陈旧的观念。

1 不要介入孩子的争吵，让他们自己解决矛盾和纷争。如果父母要求姐姐必须忍让，即使再委屈都必须让着弟弟妹妹，会促使她们产生这样的心理：爸妈不爱我，更爱弟弟妹妹，我是多余的。进而产生自卑、懦弱心理。另外，父母不平等的爱会促使姐姐产生嫉妒心，排斥和仇视弟弟妹妹，无法做到友爱亲密。相信，这不是父母愿意看到的。

2 不偏袒任何一个孩子，对每个孩子都温柔以待。每个孩子都渴望得到父母的爱，如果父母偏袒弟弟妹妹，那么姐姐的情绪就可能一发不可收拾。恰如我们之前所说，不平等的爱会造成孩子内心失衡，憎恨父母的偏心，直到长大成人也无法走出童年的伤害。

3 多引导孩子，让大的做好榜样。孩子大一些，自然是能够自理自立、懂事的，教会姐姐做好弟弟妹妹的榜样，教会弟弟妹妹尊敬、崇拜姐姐，兄弟姐妹之间的关系自然会更和谐友爱。父母省心，孩子彼此相爱，何乐而不为？

别拿女孩互相比较

　　竞争是压力的来源，它会打击女孩的自信，伤害女孩的自尊，使得原本快乐的女孩变得抑郁，原本已有的能力也无从发挥。可很多女孩却成为竞争的牺牲品，而这竞争来自父母的比较。

　　很多父母爱拿自己的孩子与别人比较，即使都是自己的孩子，也要分出"好的"与"坏的"，常常有意无意地比较一番。这些比较或许是出于对女孩的期待，或许是为了刺激女孩，或许只是纯粹地发牢骚，但无论哪一种情况，只要这些比较包含着对孩子的贬抑，那就是施加给孩子的压力，会一点点摧毁她们的自尊与自信。

　　家庭内部女孩之间的互相比较，必然会激起"表现不好"的孩子的嫉妒与不满。更为严重的是，这样的孩子很容易自卑，认为自己很差劲，不值得被爱，不可能获得成功。长大成人后，这种心理会被放大，让她们更容易拿自己和别人做比较，然后给自己贴上一系列的负面标签：我不如人家漂亮、热情、能力好，不被喜欢、不能被赞同也是理所应当的。这符合人们趋利避害的本能，当面临竞争的压力时，便"聪明"地选择逃避。

都是自己的孩子，不做比较，多引导与鼓励

丹丹是个内向的女孩，不像姐姐那么开朗活泼，学习成绩也不如姐姐好，而让丹丹最难过的是，爸爸妈妈总是喜欢拿她和姐姐做比较，好像非要证明她有多没用、多不招人喜欢似的。他们时常说："你看看你姐姐，门门功课都是优异，你为什么就不能向姐姐好好学习！""你要是和姐姐一样大方就好了。""真不明白，同样是我生的，两个人怎么差距这么大。"……

小时候丹丹不理解，为什么妈妈总是喜欢把姐姐挂在嘴边，谈起她来神采奕奕，可一说到自己就多了些无奈与冷淡。这让她羡慕和嫉妒，一心想要表现自己，赢得妈妈的关注与赞赏。可结果总是事与愿违，她依旧不被认同。于是，丹丹彻底放弃了自己，连努力都不努力了。比如有一次，学校举行联欢晚会，邀请家长一起参加，各班级也为家长们准备了各种形式的表演，有唱歌、舞蹈、舞台剧等。姐姐是舞台剧主角，扮成公主站在舞台中央，赢得了家长们和同学们的掌声。丹丹为了证明自己，也参加了班级里的大合唱，虽然不是领唱，但是站在前排中央，表现也很不错。

晚会结束后，几个相熟的家长在妈妈面前夸赞她们姐妹俩，说她真是教育有方，两个孩子一个能唱一个能演，非常棒。妈妈却说道："你们真是谬赞了！姐姐是挺不错，什么时候都大方热情，丹丹就不像她姐姐，从小就胆小内向，要不是因为是大合唱，恐怕也不敢站在舞台上……"听了妈妈的话，丹丹羞愧地低下头，之后再也没想要表现过。

长大后，丹丹和姐姐相差很大，姐姐自信阳光，样样都出色，而丹丹则像是白天鹅身边的丑小鸭，就连在家里都没什么存在感。

对于女孩来说，想要成为独立、优秀的个体，需要完成四个自我认同，即身份认同、性别认同、自我价值认同、自我认同。一个女孩如果在父母的引导下，很好地完成了这四个自我认同，那么之后的人生会很美好。可若是无法完成，那么真的很难很好地成长。比如父母常用的比较，习惯用姐姐的优点来跟妹妹的缺点比较，结果通常是：比来比去，女孩无法完成自我认同。

父母不在意女儿，话语里有着贬抑、嫌弃，在女儿看来，这就是对自己的不接纳；父母在别人面前夸赞姐姐，说妹妹不如姐姐，则让妹妹有这样的感觉：我不是父母的孩子！我是一个累赘！进而无法实现身份认同。更为关键的是，被比较往往让女孩为自己感到羞耻，看不到自我价值，自然也就无法做到自我认同，会认为自己什么都不是，什么都不配拥有。

除此之外，一些时常被比较、被嫌弃的女孩还可能心理极度不健康，做出一系列极端的事情。

媛媛出生后不久就被送回老家，被爷爷奶奶、姥姥姥爷轮流看管，只有年底才能见到爸爸妈妈。

妹妹和媛媛相差3岁，却从小跟在爸爸妈妈身边。因为生活环境不同，父母陪伴的时间与质量不同，姐妹俩有很大的差别。在爸爸妈妈眼里，媛媛不爱干净，妹妹爱干净讲卫生；媛媛淘气、野，妹妹乖巧伶俐；媛媛喜欢犟嘴，妹妹嘴甜懂事。6岁之后，媛媛被接到父母身边，这比较就更明显了，爸爸妈妈时常拿媛媛和妹妹做比较，自然对媛媛的态度总是批评多于鼓励。

鲜明的对比，在媛媛看来，就是父母对她的否定，是厌憎她的表现，于是她产生了偏激的想法。她恨父母，也恨妹妹，甚至想要丢掉妹妹，让父母失去"最心疼的宝贝"……

给父母的建议

没有人喜欢被比较，也没有谁愿意顶着竞争的巨大压力生活，女孩更是如此。父母要理智地看待孩子，避免比来比去，更避免区别对待。

1 相信每个女孩都是独一无二的，不盲目地拿女孩做比较。父母需要认识到，有的女孩温柔，有的女孩开朗，有的女孩头脑聪明，有的女孩运动神经发达……随着一天天长大，这些潜力和特质会更多地体现出来。父母需要做的不是做横向的比较，而是发掘每个女孩身上的特质，然后给予她们鼓励和支持，帮助和引导她们完成自我认同，进而成为最好的自己。

2 父母应该多肯定女孩，尽力让她们有成就感。鼓励女孩无忧无虑地做事情，不在意别人做得如何，不在乎结果是什么。如果女孩主动与姐妹或是其他人比较，父母也应该给予正确的引导，让她们拥有良好的心态，展现更好的自我。

3 教会女孩彼此欣赏与学习。不盲目地比较，并不意味着让女孩否定姐姐或妹妹的优点，父母需要引导她们互相欣赏，彼此以对方为榜样，如此她们的关系才更融洽，如此才能成就彼此的特色与精彩。